ÜLIMAALNE PUNANE SAMET KÜPSETUS

100 luksusliku punase sametise maiuse kollektsioon

Marika Kaasik

Autoriõigus materjal ©2024

Kõik õigused kaitstud

Ühtegi selle raamatu osa ei tohi mingil kujul ega vahenditega kasutada ega edastada ilma kirjastaja ja autoriõiguse omaniku nõuetekohase kirjaliku nõusolekuta, välja arvatud ülevaates kasutatud lühikesed tsitaadid. Seda raamatut ei tohiks pidada meditsiiniliste, juriidiliste või muude professionaalsete nõuannete asendajaks.

SISUKORD

SISUKORD 3
SISSEJUHATUS 6
HOMMIKUSÖÖK KÜPSETAB 7
   1. Punane samet Protein Pop Tors 8
   2. Punased sametpannkoogid keefiriga 10
   3. Punane samet Smoothie Kaussi 12
   4. Punane samet krepid toorjuustutäidisega 14
   5. Punane samet kaneelirullid 16
   6. Punase sametiga küpsetatud sõõrikud 19
   7. Punase sametiga paisutatud pannkook 21
   8. Punane samet Juustune vahvel 23
   9. Punane samet Prantsuse röstsai 25
  10. Punane sametine banaanileib 27
  11. Punane samet Mochi vahvel 29
  12. Punane samet Marineeritud munad 31
  13. Punane samet Latkes 33
  14. Punane samet Hash 35
  15. Punane samet Muna Pizza 37
  16. Punane samet Oatmeal Küpsetada 39
  17. Punane samet hommikusöögibaarid 41
  18. Punane samet Leivapuding 43
  19. Punane samet küpsetatud prantsuse röstsai 45
  20. Punase sametise pannkoogiküpsetus 47
  21. Punane samet Scones 49
  22. Punane samet hommikusöögiküpsised 51
  23. Punased sametsõõrikud 54
  24. Punase sametise koogi sõõrikud juustuglasuuriga 56
  25. Punased sametmuffinid Streuseli kattekihiga 59
  26. Punane sametine banaanileib 61
  27. Punane samet Teekoogid 63
  28. Punane samet täidisega pannkoogid 65
  29. Värsked maasika-mochi muffinid 68
  30. Punane samet Nutella Mochi muffinid 70
  31. Maasika Margarita pannkoogid 72
  32. Godiva sõõrikud 74
EELROID JA SUUNID 77
  33. Punased sametpommid 78
  34. Punased sametkõrvitsabatoonid 80

35. Punane samet Fudge Protein Bar s 82
36. Punane samet Puppy Chow 84
37. Punane samet Pidu Sega 86
38. Punane samet koogipallid 88
39. Punane samet Pisiasjad tassid 91
40. Punane samet Juustupall 93
41. Punane samet Juustukook Brownie Hammustused 95
42. Punane samet Riis Krisjuuress 98
43. Punane samet Chips 100
44. Punane samet Crinkle küpsised 102
45. Punane samet Juustukook Keerisema Blondies 104
46. Punane samet Whoojuures pirukad 106
47. Punane samet Keerisema Brownies 108
48. Punane samet küpsisebatoonid 110
49. Punane samet toorjuustu täidisega küpsised 112
50. Punane samet Bonbons 114
51. Punane samet Lahtitõmmatavad 116
52. Punane sametkoor 118
53. Punane samet & Açaí Maqui Marja baarid 120
54. Punane samet Riis Krisjuuress 122
55. Moos ja kookos Madeleines 124

MAGUSTOIT 127

56. Toorjuustutäidisega punased sametküpsised 128
57. Rabarberi pelmeenid 131
58. Punane samet Tres Leches kook 134
59. Kommid Cane koogirull 137
60. Piñata tassikoogid 140
61. Maasika-šokolaadi koogid 143
62. Suhkruküpsise kruusikook 145
63. Vaarika roosi makaronid 147
64. Punane samet Tassikoogid 150
65. Punane samet jääkook 152
66. Maasikasuflee 155
67. Punane samet kook 157
68. Punane samet šokolaadiküpsised 160
69. Punane samet jäätise vahvel 163
70. Punane samet Mini juustukoogid 166
71. Punane samet toorjuustu muffinid 169
72. Punane samet Vaarika tort 172
73. Punane samet Sufleed 174
74. Punase sametise põidlajäljega küpsised, täidetud valge šokolaadiga 176
75. Punane samet kohvikook 178
76. Punane samet Juustukook Mousse 180
77. Punane samet-Marja kingsepp 182

78. Punane samet puuviljakook 184
79. Punane sametine biskviit 186
80. Punased sametmakaronid 188
81. Piparmündi Éclairs 191
82. Guajaav šifoonipirukas 194
83. Punane samet Bundt kook 197
84. Punane samet Jääkast juures 199
85. Kirsi-juustukook punase peegelglasuuriga 201
86. Punase sametise peedikook 204
87. Peedi Gratin 206
88. Peediroheline suflee 208
89. Punane samet Beet Mousse 210
90. Peedipähklileib 212
91. Punane samet Šokolaad Raspmarja Éclairs 214
92. Roosi litši vaarikamakaronid 217
93. Rabarberi lindiga brunch kook 220
94. Vaarika juustukoogi trühvlid 223
95. Kõrvits Patch juustukook 225
96. Punane peegelGlasuuritud kommkoogid 227
97. Punane samet Whoojuures pirukad 231
98. Punane samet leivapuding Bourbon-kastmega 233
99. Vaarika Lamingtonid 235
100. Piparmündikoore espressomakaronid 238

KOKKUVÕTE 242

SISSEJUHATUS

Nautige punase sameti dekadentlikku maailma filmiga "Ülimaalne Punane Samet Küpsetus". Punane samet oma rikkaliku värvi, sametise tekstuuri ja vastupandamatu maitsega on võlunud magustoidusõpru üle kogu maailma. Selles kokaraamatus kutsume teid uurima selle ikoonilise maitse lõputuid võimalusi 100 luksusliku punase sametretsepti kureeritud kogumi abil, mis rahuldavad kindlasti teie magusaisu ja täiustavad teie küpsetusrepertuaari.

Alates klassikalisest punase sametkoogist, mida kaunistab toorjuustu glasuur, kuni uuenduslike keerdudeni, nagu punase sametise juustukoogi küpsised ja punase sametise pannkoogid – iga selle kokaraamatu retsept tähistab punase sameti meeldivat võlu. Ükskõik, kas plaanite erilist sündmust, pidulikku koosviibimist või ihkate lihtsalt dekadentlikku maiuspala, leiate neilt lehtedelt inspiratsiooni ja naudingut.

selgete juhiste, kasulike näpunäidete ja vapustava fotograafia abil teile võimaluse punase sameti võlu oma köögis hõlpsalt ja enesekindlalt taasluua. Olenemata sellest, kas olete kogenud pagar või algaja entusiast, need retseptid on loodud muljet avaldama ja rõõmu pakkuma, tagades, et iga suutäis on puhta luksuse maitse.

Niisiis, soojendage oma ahi, pühkige segamiskaussidelt tolm ja valmistuge maitsvale teekonnale läbi punase sametimaailma. Olenemata sellest, kas küpsetate endale, oma lähedastele või mõnel erilisel sündmusel, tõotab " Ülimaalne Punane Samet Küpsetus " tõsta teie küpsetamismängu ja jätta ihale rohkem.

HOMMIKUSÖÖK KÜPSETAB

1.Punane samet Protein Pop Tors

KOOSTISOSAD:
- ¼ tassi kaerajahu
- 1½ supilusikatäit šokolaadivalgu pulbrit
- 1 spl maapähklivõi pulbrit
- 2 tl magustamata kakaopulbrit
- 3 spl rasvata tavalist kreeka jogurtit, külm
- ½ tl punast toiduvärvi vedelikku

TÄITMINE:
- 2 spl rasvatut tavalist kreeka jogurtit
- 1 spl vaniljevalgu pulbrit

JÄRASTUS:
- 1 spl rasvata tavalist kreeka jogurtit
- 1½ tl nullkalorit 1:1 tuhksuhkru aseainet või tavalist

JUHISED:
a) Töötle köögikombainis kaerajahu, valgupulber, maapähklivõipulber ja kakaopulber.
b) Lisa kreeka jogurt ja punane toiduvärv ning töötle taignapalliks – umbes 15 sekundit; lõpetage niipea, kui pall tekib.
c) Rulli taignapall ja seejärel ristkülikuks (umbes 10"x4", ¼" paksune); vajaduse korral sobiva kuju saamiseks kasutage servade ümber jääke.
d) Lõika kaheks pooleks (mõlemad 5x4 tolli).

TEE TÄIDIS:
e) Vahusta kausis kreeka jogurt ja vaniljevalgupulber.

KOKKUVÕTE JA KÜPSETA:
f) Võta üks taignaristkülik ja määri keskele täidis (äärest jäta umbes ½ tolli).
g) Katke teise ristkülikuga ja sulgege servad kahvliga.
h) Asetage fritüüri korvi ja küpseta 400 °F juures 7 minutit.
i) (või küpseta 425 °F juures 8–9 minutit, pooleldi ümber pöörates)
j) Lase paar minutit jahtuda.

JÄRASTUS:
k) Sega kausis jogurt ja magusaine ning määri jahtunud pop-torti peale.
l) Puista peale taignapuru, kui seda on.

2.Punased sametpannkoogid keefiriga

KOOSTISOSAD:
TOPPING
- ½ tassi tavalist keefirit
- 2 spl tuhksuhkrut

PANKOOGID
- 1¾ tassi vanaaegset valtsitud kaera
- 3 spl kakaopulbrit
- 1½ teelusikatäit küpsetuspulbrit
- 1 tl söögisoodat
- ¼ teelusikatäit soola
- 3 supilusikatäit vahtrasiirupit
- 2 spl kookosõli, sulatatud
- 1½ tassi 2% madala rasvasisaldusega piima
- 1 suur muna
- 1 tl punast toiduvärvi
- Šokolaadilaastud või -laastud, serveerimiseks

JUHISED:
a) Katte jaoks lisa mõlemad koostisosad väikesesse kaussi ja sega ühtlaseks. Kõrvale panema.
b) Pannkookide jaoks lisage kõik esemed kiiresse blenderisse ja keerake vedelaks. Veenduge, et kõik oleks hästi segunenud.
c) Laske taignal 5–10 minutit seista. See võimaldab kõigil koostisosadel kokku tulla ja annab taignale parema konsistentsi.
d) Pihustage mittenakkuvale pannile või küpsetusplaadile ohtralt taimeõli ja kuumutage keskmisel kuumusel.
e) Kui pann on kuum, lisage tainas ¼-tassi mõõtetopsi abil ja valage pannkoogi valmistamiseks pannile. Kasutage pannkoogi vormimiseks mõõtetopsi.
f) Küpseta 3 minutit, kuni küljed on hangunud ja keskele tekivad mullid, seejärel keerake pannkook ümber.
g) Kui pannkook on sellelt küljelt küpsenud, eemaldage pannkook tulelt ja asetage see taldrikule.
h) Jätkake neid samme ülejäänud taignaga.
i) Virna ja serveeri katte ja šokolaaditükkidega.

3. Punane samet Smoothie Kaussi

KOOSTISOSAD:
- 1 röstitud peet jahutatult
- 1 tass külmutatud kirsse
- 1 banaan tükeldatud ja külmutatud
- ¼ tassi piima
- 3 spl kakaopulbrit
- 1 spl mett
- Täiteideed: südamekujulised puuviljad/peet, banaan, seemned, pähklid, kookospähkel

JUHISED:
a) Sega kõik koostisosad segistis ühtlaseks massiks, lisades vajadusel rohkem piima ja mett, et saavutada meelepärane konsistents ja magusus.
b) Lisage oma lemmikpähklid/seemned, banaan ja kakao.

4.Punane samet krepid toorjuustutäidisega

KOOSTISOSAD:
- 2 muna
- 1 tass piima
- ½ tassi vett
- ½ tl soola
- 3 supilusikatäit võid, sulatatud
- 1 tl suhkrut
- 1 tl vaniljeekstrakti
- 1 tass jahu
- 1½ supilusikatäit kakaopulbrit
- 5 tilka punast toiduvärvi, valikuline
- Toorjuustu täidis/tilgutamine

JUHISED:
a) Kombineerige segistis munad, piim, vesi, sool, suhkur, vanill ja 3 supilusikatäit sulatatud võid ning vahustage umbes 30 sekundit.
b) Lisa jahu ja kakaopulber ning vahusta ühtlaseks.
c) Kui kasutate, lisage toiduvärv sel ajal. Peate muutma taigna pisut heledamaks, kui soovite, et lõpptoode oleks.
d) Tõsta taigen 30 minutiks või üleöö külmkappi.
e) Kui olete valmis kreppide valmistamiseks, soojendage 1 supilusikatäis võid kreppipannil või muul madalal praepannil. Enne ¼ tassi krepptaigna lisamist ja panni pinna katmiseks keeramist veenduge, et või oleks kogu panni pinna katnud.
f) Küpseta kreppe üks minut, keerake ettevaatlikult ümber ja seejärel küpsetage pool minutit teiselt poolt.
g) Kaunista šokolaadikastme ja järelejäänud toorjuustutäidisega.

5.Punane samet kaneelirullid

KOOSTISOSAD:
KANEELIRULLIDE JAOKS
- 4½ tl kuivpärmi
- 2-½ tassi sooja vett
- 15,25 untsi Box of Punane samet koogisegu
- 1 tl vaniljeekstrakti
- 1 tl soola
- 5 tassi universaalset jahu

KANEELISUHKRU SEGU JAOKS
- 2 tassi pakitud pruuni suhkrut
- 4 spl jahvatatud kaneeli
- ⅔ tassi võid pehmendatud

TOORJUUSTU KLASSIKS
- 16 untsi toorjuustu, pehmendatud
- ½ tassi võid pehmendatud
- 2 tassi tuhksuhkrut
- 1 tl vaniljeekstrakti

JUHISED:

a) Segage suures segamiskausis pärm ja vesi, kuni see on lahustunud.
b) Lisa koogisegu, vanill, sool ja jahu. Sega hästi – tainas jääb kergelt kleepuv.
c) Kata kauss tihedalt kilega. Lase tainal tund aega kerkida. Suruge tainas alla ja laske sellel veel 45 minutit kerkida.
d) Rulli tainas kergelt jahusel pinnal suureks, umbes ¼ tolli paksuseks ristkülikuks. Määri võiga ühtlaselt kogu tainas.
e) Sega keskmises kausis pruun suhkur ja kaneel. Puista pruuni suhkru segu võile.
f) Rulli kokku nagu tarretis, alustades pikast servast. Lõika 24 võrdseks tükiks.
g) Määri kaks 9x13-tollist küpsetusvormi. Laota pannidesse kaneelirulli viilud. Kata ja lase soojas kohas kerkida kuni kahekordseks.
h) Kuumuta ahi temperatuurini 350 ° F.
i) Küpseta 15-20 minutit või kuni küps.
j) Kaneelirullide küpsemise ajal valmista toorjuustuglasuur, kreemitades toorjuustu ja või keskmises segamisnõus kreemjaks. Sega hulka vanill. Lisa vähehaaval tuhksuhkur.

6.Punase sametiga küpsetatud sõõrikud

KOOSTISOSAD:
- 2 ¼ tassi jahu
- 1 spl küpsetuspulbrit
- ½ tl soola
- ⅔ tassi suhkrut
- 1 muna
- 2 spl taimeõli
- 2 spl kakaopulbrit
- 1 tl vanilli
- ½ tassi madala rasvasisaldusega piima
- Punane pehme geelpasta
- Glasuur

JUHISED:
a) Kuumuta ahi 350 kraadini.
b) Pihustage sõõrikupann küpsetusspreiga ja asetage kõrvale.
c) Sega keskmises kausis jahu, küpsetuspulber ja sool.
d) Sega korralikult läbi ja tõsta kõrvale.
e) Sega suures kausis suhkur, muna ja taimeõli.
f) Lisage kakaopulber ja vanill ning segage hästi.
g) Segage aeglaselt piima, kuni see on hästi segunenud.
h) Lisage kuivained, umbes pool tassi korraga, segades pärast iga lisamist hästi.
i) Lisage paar tilka punast toiduvärvi ja segage, kuni tainas on soovitud värvi.
j) Pange tainas tõmblukuga kotti ja sulgege.
k) Lõika sõõrikuvormi ots ära ja toru torusse, täites iga sõõrikutopsi ⅔ ulatuses täis.
l) Küpseta 12-15 minutit, jälgides, et sõõrikud ei pruunistu.
m) Kasta sõõrikute tipud glasuuri sisse ja puista peale südamed või puistad.

7.Punase sametiga paisutatud pannkook

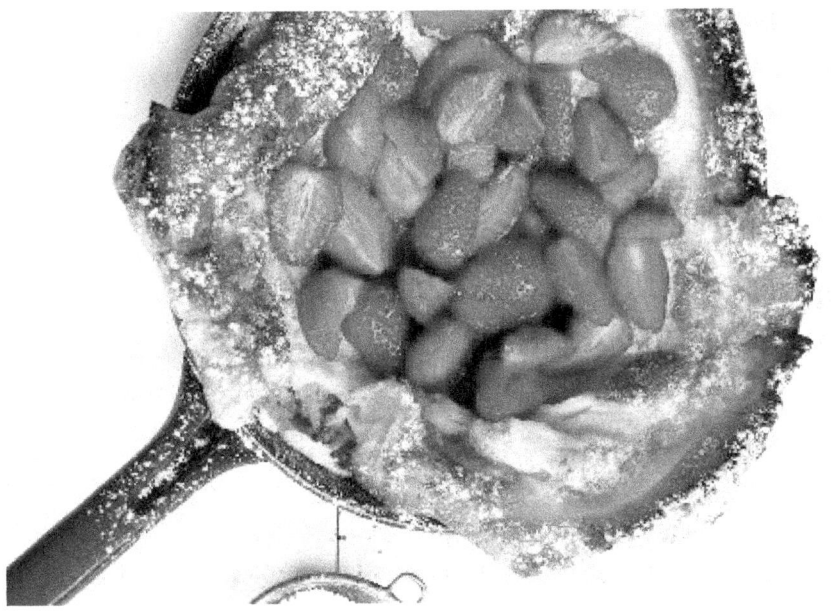

KOOSTISOSAD:
- 4 suurt muna
- 1 tass piima
- ¾ tassi + 2 spl universaalset jahu
- 2 spl kakaopulbrit
- ¼ tassi granuleeritud suhkrut
- ¼ teelusikatäit koššersoola
- 1 tl vaniljeekstrakti
- 2 spl soolata võid
- ½ tl punast geeli toiduvärvi
- Toiduvalmistamise pihusti
- Glasuur

JUHISED:
a) Kuumuta ahi 400 kraadini F
b) Asetage munad, piim, jahu, kakaopulber, suhkur, sool ja vanill segistisse; segage, kuni see on täielikult segunenud. Lisa toiduvärv ja sega 30 sekundit.
c) Kuumutage 10-tollist malmist panni või mittenakkuvat panni keskmisel-kõrgel kuumusel. Lisa või ja sulata. Vala tainas pannile. Pange pann ahju ja küpsetage, kuni see on pruunistunud, paisunud ja küpsenud umbes 20-25 minutit.
d) Kuni pannkook ahjus on, valmista toorjuustuglasuur. Vahusta toorjuust ja või mikseriga, kuni need on põhjalikult segunenud, 1-3 minutit. Lisa piim ja klopi ühtlaseks. Lisa aeglaselt tuhksuhkur ja sega kuni moodustub glasuur. Vajadusel võid lisada teelusikatäie kaupa rohkem piima, et glasuur saaks valatava konsistentsi.
e) Lõika pannkook viiludeks ja serveeri toorjuustuglasuuri ja puuviljadega.

8.Punane samet Juustune vahvel

KOOSTISOSAD:
- 1 muna
- 1 unts toorjuustu
- 2 spl kookosjahu
- 1 spl petipiima
- 2 tl suhkruvaba magusainet
- ½ tl küpsetuspulbrit
- ½ tl kakaopulbrit
- punane toiduvärv

JUHISED:
a) Kuumuta vahvliküpsetaja.
b) Klopi kõik koostisained kokku. Soovitud roosa või punase tooni saavutamiseks lisage paar tilka punast toiduvärvi.
c) Kui kasutate minivahvlimasinat, valage umbes ⅓ punase sametise taignast vahvliküpsetajasse.
d) Sulgege vahvliküpsetaja ja laske küpseda 3-5 minutit või kuni vahvel on kuldpruun ja tahenenud.
e) Eemaldage vahvlid vahvliküpsetajast ja serveerige.

9.Punane samet Prantsuse röstsai

KOOSTISOSAD:
- 8 viilu brioche
- 3 suurt muna
- 1 tass pool ja pool koort 10% MF
- 2 spl granuleeritud suhkrut
- 1 spl vaniljeekstrakti
- 2 spl kakaopulbrit
- 2-3 supilusikatäit punast toiduvärvi
- ¼ teelusikatäit soola
- 2-3 spl võid või õli, praadimiseks
- Toorjuustu glasuur

JUHISED:
a) Kuumuta ahi 250 F-ni. Asetage brioche-viilud lehtpannile ja küpsetage 15-20 minutit või kuni need veidi kuivavad. Jahuta viilud täielikult maha. Vahusta munad, koor, suhkur, vanill, kakaopulber, toiduvärv ja sool.
b) Vala munasegu viiludele.
c) Keera viile iga paari minuti tagant ja lusikaga nende peale, kuni peaaegu kõik on imendunud. Umbes 10 minutit.
d) Kuumuta pann keskmisel kuumusel. Lisa või, seejärel aseta viilud pannile. Küpseta 2-3 minutit mõlemalt poolt või kuni pruunistumiseni.

10. Punane sametine banaanileib

KOOSTISOSAD:
- 1 karp Punane samet koogisegu
- 3 suurt muna
- ⅓ tassi õli
- 1½ tassi purustatud banaani, umbes 3 või 4 banaani
- 1 tass hakitud pekanipähklit

JUHISED:
a) Kuumuta ahi temperatuurini 350ºF. Määri ja jahu kaks leivavormi.
b) Segage kuiv koogisegu, munad, õli, püreestatud banaanid ja hakitud pekanipähklid, kuni see on hästi segunenud. Valage tainas ettevalmistatud vormidesse.
c) Küpseta 30–35 minutit või kuni keskele torgatud hambaork tuleb puhtana välja.
d) Tõsta ahjust jahutusrestile 10 minutiks enne pannilt väljavõtmist.
e) Jahuta restil täielikult maha. Soovi korral puista peale tuhksuhkrut.

11. Punane samet Mochi vahvel

KOOSTISOSAD:
- 1 ½ tassi piima
- 2 muna
- 2 spl punast toiduvärvi
- 1 tl vaniljeekstrakti
- ½ tl destilleeritud valget äädikat
- 2 ½ tassi mochiko jahu
- ½ tassi granuleeritud suhkrut
- 1 spl küpsetuspulbrit
- 1 spl kakaopulbrit
- ½ tl soola

JUHISED:
a) Eelsoojendage vahvliraud.
b) Lisage keskmisesse segamisnõusse märjad koostisosad ja vahustage, kuni need on hästi segunenud. Kõrvale panema.
c) Seejärel lisa suurde segamisnõusse kuivained.
d) Vahusta, kuni see on hästi segunenud.
e) Lisage märjad koostisosad kuivadele ja segage, kuni need on lihtsalt segunenud.
f) Pihustage vahvliküpsetaja pinnale mittenakkuvat küpsetussprei. Vala tainas vahvliküpsetajasse ja küpseta, kuni see on kergelt pruunistunud.

12.Punane samet Marineeritud munad

KOOSTISOSAD:
- 6 muna
- 1 tass valget äädikat
- Mahl 1 purgist peedist
- ¼ tassi suhkrut
- ½ supilusikatäit soola
- 2 küüslauguküünt
- 1 supilusikatäis tervet pipratera
- 1 loorberileht

JUHISED:
a) Eelsoojendage veevann temperatuurini 170 °F
b) Asetage munad kotti. Sulgege kott ja asetage see vanni. Küpseta 1 tund.
c) 1 tunni pärast pane munad külma veega kaussi jahtuma ja koori ettevaatlikult. Sega kotis, milles mune keetsite, äädikas, peedimahl, suhkur, sool, küüslauk ja loorberileht.
d) Asendage kotis olevad munad marineerimisvedelikuga. Asetage see veevanni ja küpseta veel 1 tund.
e) 1 tunni pärast tõsta munad marineerimisvedelikuga külmkappi.
f) Laske enne söömist täielikult jahtuda.

13.Punane samet Latkes

KOOSTISOSAD:
- 1 tass peeneks hakitud värsket peeti
- 2 supilusikatäit maisitärklist
- 4 lahtiklopitud munakollast
- ½ tl Suhkur
- 3 supilusikatäit koort või lahjendamata aurutatud piima
- ½ tl Jahvatatud muskaatpähkel
- 1 tl Sool

JUHISED:
a) Kombineeri kõik koostisosad segamisnõus.
b) Sega korralikult läbi ja küpseta pannkoogimoodi kuumal võiga määritud plaadil või raskel pannil.
c) Serveeri puuviljamarmelaadi või konservidega.

14. Punane samet Hash

KOOSTISOSAD:
- 1 nael peet, kooritud ja kuubikuteks lõigatud
- ½ naela Yukon Gold kartuleid, kooritud ja kuubikuteks lõigatud
- Jäme sool ja värskelt jahvatatud must pipar
- 2 spl ekstra neitsioliiviõli
- 1 väike sibul, tükeldatud
- 2 spl hakitud värsket peterselli
- 4 suurt muna

JUHISED:
a) Kata peet ja kartul kõrge küljega pannil veega ning kuumuta keemiseni. Maitsesta soolaga ja küpseta pehmeks, umbes 7 minutit. Nõruta ja pühi pann välja.
b) Kuumuta pannil õli keskmisel-kõrgel kuumusel. Lisa keedetud peet ja kartul ning küpseta, kuni kartulid hakkavad kuldseks muutuma umbes 4 minutit. Alandage kuumust keskmisele tasemele, lisage sibul ja küpsetage segades, kuni see on pehme, umbes 4 minutit. Reguleerige maitsestamist ja segage peterselliga.
c) Tehke räsi sisse neli laia süvendit. Klopi igasse sisse üks muna ja maitsesta muna soolaga. Küpseta, kuni valged on hangunud, kuid munakollased on veel vedelad 5–6 minutit.

15.Punane samet Muna Pizza

KOOSTISOSAD:
PITSA KORRIGA:
- 1 kl keedetud ja püreestatud peeti
- ¾ tassi mandlijahu
- ⅓ tassi pruuni riisijahu
- ½ tl soola
- 2 tl küpsetuspulbrit
- 1 spl kookosõli
- 2 tl hakitud rosmariini
- 1 muna

TÄIDISED:
- 3 muna
- 2 viilu keedetud peekonit murenenud
- avokaado
- juust

JUHISED:
a) Kuumuta ahi 375 kraadini.
b) Sega kõik pitsapõhja koostisosad.
c) Küpseta 5 minutit.
d) Võtke välja ja tehke lusika- või jäätisevormi tagaküljega 3 väikest "kaevu".
e) Viska 3 muna nendesse "kaevudesse".
f) Küpseta 20 minutit.
g) Vala peale juust ja peekon ning küpseta veel 5 minutit.
h) Lisage veel rosmariini, juustu ja avokaadot.

16.Punane samet Oatmeal Küpsetada

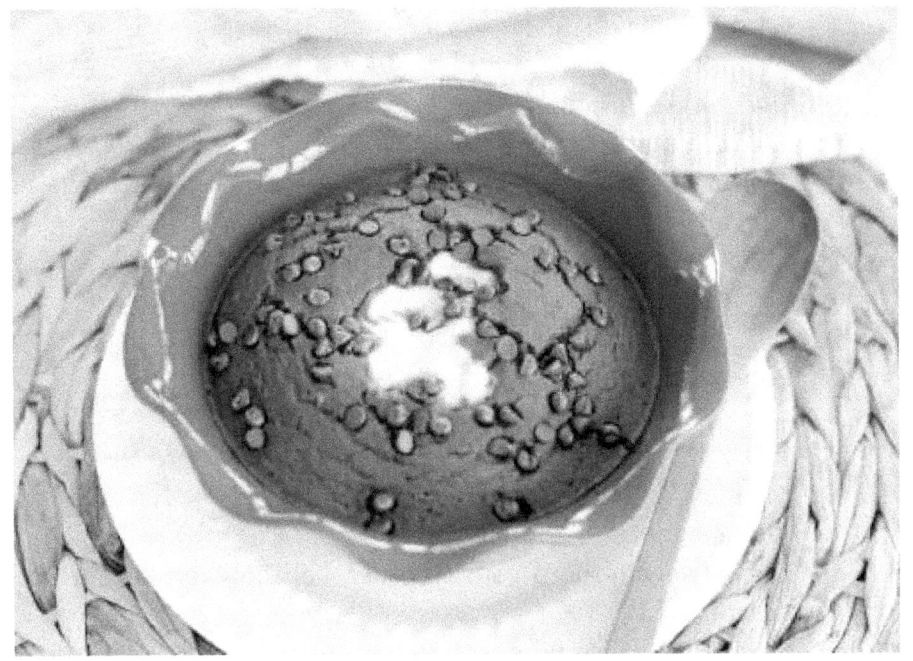

KOOSTISOSAD:
- 1 tass valtsitud kaerahelbeid
- 1 tass piima (või piimavaba alternatiivi)
- 1 küps banaan, purustatud
- 1/4 tassi kakaopulbrit
- 1/4 tassi mett või vahtrasiirupit
- 1/4 tassi kreeka jogurtit
- 1 tl vaniljeekstrakti
- 1/2 tl küpsetuspulbrit
- 1/4 teelusikatäit soola
- 1/4 tassi šokolaaditükke (valikuline)
- Punane toiduvärv (soovi järgi)

JUHISED:
a) Kuumuta ahi temperatuurini 350 °F (175 °C). Määri ahjuvorm rasvainega.
b) Segage segamisnõus valtsitud kaer, kakaopulber, küpsetuspulber ja sool.
c) Sega teises kausis püreestatud banaan, piim, mesi või vahtrasiirup, kreeka jogurt ja vaniljeekstrakt.
d) Valage märjad koostisosad kuivainete hulka ja segage, kuni need on hästi segunenud.
e) Lisage punast toiduvärvi, kuni saavutate soovitud värvi, segades hästi.
f) Murra šokolaaditükid, kui kasutad.
g) Vala segu ettevalmistatud ahjuvormi ja aja ühtlaselt laiali.
h) Küpseta eelkuumutatud ahjus 25-30 minutit või kuni taheneb.
i) Pärast küpsetamist eemaldage see ahjust ja laske enne serveerimist veidi jahtuda. Nautige oma Punane samet Oatmeal küpsetamist!

17.Punane samet hommikusöögibaarid

KOOSTISOSAD:
- 1 1/2 tassi universaalset jahu
- 1 tass valtsitud kaerahelbeid
- 1/2 tassi pruuni suhkrut
- 1/4 tassi kakaopulbrit
- 1 tl küpsetuspulbrit
- 1/2 teelusikatäit soola
- 1/2 tassi soolata võid, sulatatud
- 1/4 tassi piima (või piimavaba alternatiivi)
- 1 tl vaniljeekstrakti
- Punane toiduvärv (soovi järgi)
- 1/2 tassi šokolaaditükke (valikuline)

JUHISED:
a) Kuumuta ahi temperatuurini 350 °F (175 °C). Määri ahjuvorm või vooderda see küpsetuspaberiga.
b) Sega suures segamiskausis jahu, valtsitud kaer, pruun suhkur, kakaopulber, küpsetuspulber ja sool.
c) Lisa kuivainetele sulatatud või, piim ja vaniljeekstrakt. Segage, kuni see on hästi segunenud.
d) Lisage punast toiduvärvi, kuni saavutate soovitud värvi, segades hästi.
e) Murra šokolaaditükid, kui kasutad.
f) Suru segu ettevalmistatud ahjuvormi, aja see ühtlaselt laiali.
g) Küpseta eelkuumutatud ahjus 20-25 minutit või kuni servad on kuldpruunid ja keskele torgatud hambaork tuleb puhtana välja.
h) Pärast küpsetamist eemaldage see ahjust ja laske sellel täielikult jahtuda, enne kui ribadeks viilutate. Nautige oma Punane samet hommikusöögibatoone!

18.Punane samet Leivapuding

KOOSTISOSAD:
- 6 tassi kuubikuteks lõigatud leiba (nt prantsuse leib või brioche)
- 2 tassi piima (või piimavaba alternatiivi)
- 4 muna
- 1/2 tassi granuleeritud suhkrut
- 1/4 tassi kakaopulbrit
- 1 tl vaniljeekstrakti
- Punane toiduvärv (soovi järgi)
- 1/2 tassi šokolaaditükke (valikuline)
- tuhksuhkur, tolmutamiseks (valikuline)
- Vahukoor, serveerimiseks (valikuline)

JUHISED:
a) Kuumuta ahi temperatuurini 350 °F (175 °C). Määri ahjuvorm rasvainega.
b) Vahusta suures segamiskausis piim, munad, suhkur, kakaopulber ja vaniljeekstrakt.
c) Lisage punast toiduvärvi, kuni saavutate soovitud värvi, segades hästi.
d) Murra šokolaaditükid, kui kasutad.
e) Lisage segule kuubikuteks lõigatud leib, jälgides, et kogu leib oleks ühtlaselt kaetud.
f) Tõsta segu ettevalmistatud ahjuvormi, aja see ühtlaselt laiali.
g) Küpseta eelkuumutatud ahjus 30-35 minutit või kuni leivapuding on tahenenud ja pealt kuldpruun.
h) Pärast küpsetamist eemaldage see ahjust ja laske enne serveerimist veidi jahtuda.
i) Puista üle tuhksuhkruga ja serveeri soovi korral vahukoorega. Nautige oma Punane samet Bread Puddingit!

19. Punane samet küpsetatud prantsuse röstsai

KOOSTISOSAD:
- 1 päts prantsuse leiba, viilutatud
- 4 muna
- 1 tass piima (või piimavaba alternatiivi)
- 1/4 tassi granuleeritud suhkrut
- 1/4 tassi kakaopulbrit
- 1 tl vaniljeekstrakti
- Punane toiduvärv (soovi järgi)
- tuhksuhkur, tolmutamiseks (valikuline)
- Vahtrasiirup, serveerimiseks

JUHISED:
a) Kuumuta ahi temperatuurini 350 °F (175 °C). Määri ahjuvorm rasvainega.
b) Laota viilutatud prantsuse leib ettevalmistatud ahjuvormi.
c) Vahusta segamisnõus munad, piim, suhkur, kakaopulber ja vaniljeekstrakt, kuni need on hästi segunenud.
d) Lisage punast toiduvärvi, kuni saavutate soovitud värvi, segades hästi.
e) Vala munasegu saiaviiludele, jälgides, et kogu leib oleks ühtlaselt kaetud.
f) Kata ahjuvorm fooliumiga ja lase külmkapis seista vähemalt 30 minutit või üleöö.
g) Kui olete küpsetamiseks valmis, eemaldage foolium ja küpsetage eelsoojendatud ahjus 25-30 minutit või kuni prantsuse röstsai on hangunud ja kuldpruun.
h) Pärast küpsetamist eemaldage see ahjust ja laske enne serveerimist veidi jahtuda.
i) Puista üle tuhksuhkruga ja serveeri vahtrasiirupiga. Nautige oma Punane samet küpsetatud prantsuse röstsaia!

20.Punase sametise pannkoogiküpsetus

KOOSTISOSAD:
- 2 tassi universaalset jahu
- 1/4 tassi kakaopulbrit
- 1/4 tassi granuleeritud suhkrut
- 2 tl küpsetuspulbrit
- 1/2 tl söögisoodat
- 1/2 teelusikatäit soola
- 2 tassi petipiima
- 2 muna
- 1/4 tassi soolata võid, sulatatud
- 1 tl vaniljeekstrakti
- Punane toiduvärv (soovi järgi)
- 1/2 tassi šokolaaditükke (valikuline)

JUHISED:
a) Kuumuta ahi temperatuurini 350 °F (175 °C). Määri 9x13-tolline ahjuvorm rasvaga.
b) Segage suures segamiskausis universaalne jahu, kakaopulber, granuleeritud suhkur, küpsetuspulber, sooda ja sool. Sega hästi.
c) Vahusta teises kausis petipiim, munad, sulatatud soolata või, vaniljeekstrakt ja punane toiduvärv, kuni need on hästi segunenud.
d) Valage märjad koostisosad kuivade koostisosade hulka ja segage, kuni need on lihtsalt segunenud. Olge ettevaatlik, et mitte üle segada; paar tükki on korras. Soovi korral sega hulka šokolaaditükid.
e) Vala tainas ettevalmistatud ahjuvormi ja aja ühtlaselt laiali.
f) Küpseta eelkuumutatud ahjus 20-25 minutit või kuni keskele torgatud hambaork tuleb puhtana välja.
g) Pärast küpsetamist eemaldage see ahjust ja laske enne viilutamist ja serveerimist paar minutit jahtuda.
h) Serveeri soojalt koos oma lemmiklisanditega, nagu vahtrasiirup, vahukoor või värsked marjad.

21. Punane samet Scones

KOOSTISOSAD:
- 2 tassi universaalset jahu
- 1/2 tassi granuleeritud suhkrut
- 1 spl kakaopulbrit
- 1 spl küpsetuspulbrit
- 1/2 teelusikatäit soola
- 1/2 tassi soolata võid, külm ja kuubikuteks lõigatud
- 1/2 tassi petipiima
- 1 spl punast toiduvärvi
- 1 tl vaniljeekstrakti
- 1/2 tassi valge šokolaadi laastud

JUHISED:
a) Kuumuta ahi temperatuurini 400 °F (200 °C) ja vooderda küpsetusplaat küpsetuspaberiga.
b) Vahusta suures kausis jahu, suhkur, kakaopulber, küpsetuspulber ja sool.
c) Lõika külmas võis kondiitrilõikuri või kahvliga, kuni segu meenutab jämedat puru.
d) Vahusta eraldi kausis petipiim, punane toiduvärv ja vaniljeekstrakt. Valage märjad koostisosad kuivade koostisosade hulka ja segage, kuni need on lihtsalt segunenud.
e) Sega õrnalt sisse valge šokolaadi laastud.
f) Tõsta tainas jahusel pinnale ja sõtku seda paar korda õrnalt. Patsutage tainas umbes 1 tolli paksuseks ringiks.
g) Lõika ring 8 viilu ja tõsta need ettevalmistatud ahjuplaadile.
h) Küpseta 15-18 minutit või kuni skoonid on kergelt kuldsed. Lase küpsetusplaadil mõni minut jahtuda, enne kui tõstad restile täielikult jahtuma. Nautige oma punaseid sametskoone koos tassi tee või kohviga!

22.Punane samet hommikusöögiküpsised

KOOSTISOSAD:
- 1 1/2 tassi universaalset jahu
- 1/4 tassi magustamata kakaopulbrit
- 1 tl küpsetuspulbrit
- 1/4 tl söögisoodat
- 1/4 teelusikatäit soola
- 1/2 tassi soolamata võid, pehmendatud
- 1/2 tassi granuleeritud suhkrut
- 1/2 tassi pakitud pruuni suhkrut
- 1 suur muna
- 1 tl vaniljeekstrakti
- 1 spl punast toiduvärvi
- 1/2 tassi valge šokolaadi laastud

JUHISED:

a) Kuumuta ahi temperatuurini 350 °F (175 °C). Vooderda ahjuplaat küpsetuspaberiga.
b) Sega keskmises segamiskausis kokku universaalne jahu, kakaopulber, küpsetuspulber, sooda ja sool. Kõrvale panema.
c) Vahusta suures segamiskausis pehme soolata või, granuleeritud suhkur ja pruun suhkur heledaks ja kohevaks vahuks.
d) Klopi sisse muna, vaniljeekstrakt ja punane toiduvärv, kuni need on hästi segunenud.
e) Lisa kuivained järk-järgult märgadele koostisainetele ja sega ühtlaseks massiks.
f) Voldi valge šokolaadi laastud, kuni need jaotuvad ühtlaselt kogu tainas.
g) Tõsta küpsiselusika või lusika abil ümmargused supilusikatäit tainast ettevalmistatud küpsetusplaadile, hoides need üksteisest umbes 2 tolli kaugusel.
h) Tasandage iga küpsise taignapall lusikaselja või sõrmeotstega õrnalt tasaseks.
i) Küpseta eelsoojendatud ahjus 10-12 minutit või kuni servad on hangunud ja keskkohad kergelt pehmed.
j) Eemaldage ahjust ja laske küpsistel küpsetusplaadil 5 minutit jahtuda, enne kui asetate need restile täielikult jahtuma.
k) Pärast jahutamist serveerige ja nautige oma maitsvaid Punane samet hommikusöögiküpsiseid!

23.Punased sametsöörikud

KOOSTISOSAD:
- 2 tassi universaalset jahu
- 1/2 tassi magustamata kakaopulbrit
- 1 1/2 teelusikatäit küpsetuspulbrit
- 1/2 tl söögisoodat
- 1/2 teelusikatäit soola
- 3/4 tassi granuleeritud suhkrut
- 2 suurt muna
- 1 tl vaniljeekstrakti
- 1 spl punast toiduvärvi
- 1 tass petipiima
- 1/4 tassi soolata võid, sulatatud

GLASUURI KOHTA:
- 1 1/2 tassi tuhksuhkrut
- 3-4 supilusikatäit piima
- 1/2 tl vaniljeekstrakti

JUHISED:
a) Kuumuta ahi temperatuurini 350 °F (175 °C) ja määri sõõrikuvorm.
b) Vahusta kausis jahu, kakaopulber, küpsetuspulber, sooda ja sool.
c) Vahusta teises kausis suhkur, munad, vaniljeekstrakt ja punane toiduvärv, kuni need on hästi segunenud. Sega hulka petipiim ja sulavõi.
d) Lisa märjale segule järk-järgult kuivained, sega, kuni need on lihtsalt segunenud.
e) Tõsta tainas lusikaga ettevalmistatud sõõrikupannile, täites iga süvend umbes 2/3 ulatuses.
f) Küpseta 10-12 minutit või kuni keskele torgatud hambaork tuleb puhtana välja. Lase sõõrikutel mõni minut pannil jahtuda, enne kui tõstad need restile täielikult jahtuma.
g) Glasuuri valmistamiseks vahusta tuhksuhkur, piim ja vaniljeekstrakt ühtlaseks massiks.
h) Kasta jahtunud sõõrikud glasuuri sisse, seejärel aseta need uuesti restile tahenema.

24.Punase sametise koogi sõõrikud juustuglasuuriga

KOOSTISOSAD:
sõõrikute jaoks:
- 1 1/4 tassi universaalset jahu
- 1/4 tassi magustamata kakaopulbrit
- 1 tl küpsetuspulbrit
- 1/2 tl söögisoodat
- 1/4 teelusikatäit soola
- 1/2 tassi granuleeritud suhkrut
- 1/2 tassi petipiima
- 1 suur muna
- 2 spl soolata võid, sulatatud
- 1 tl vaniljeekstrakti
- 1 spl punast toiduvärvi

GLASUURI KOHTA:
- 4 untsi toorjuustu, pehmendatud
- 1 tass tuhksuhkrut
- 1-2 spl piima
- 1/2 tl vaniljeekstrakti

JUHISED:

a) Kuumuta ahi temperatuurini 350 °F (175 °C) ja määri sõõrikuvorm.
b) Vahusta suures kausis jahu, kakaopulber, küpsetuspulber, sooda, sool ja granuleeritud suhkur.
c) Klopi teises kausis kokku petipiim, muna, sulavõi, vaniljeekstrakt ja punane toiduvärv.
d) Vala märjad koostisosad kuivainete hulka ja sega ühtlaseks massiks.
e) Tõsta tainas lusikaga ettevalmistatud sõõrikupannile, täites iga süvend umbes 2/3 ulatuses.
f) Küpseta 10-12 minutit või kuni sõõrikutesse torgatud hambaork tuleb puhtana välja.
g) Lase sõõrikutel mõni minut pannil jahtuda, enne kui tõstad need restile täielikult jahtuma.
h) Glasuuri valmistamiseks klopi toorjuust, tuhksuhkur, piim ja vaniljeekstrakt ühtlaseks massiks.
i) Kasta jahtunud sõõrikud glasuuri sisse, seejärel aseta need uuesti restile tahenema.

25.Punased sametmuffinid Streuseli kattekihiga

KOOSTISOSAD:
- 1 1/2 tassi universaalset jahu
- 1/2 tassi granuleeritud suhkrut
- 2 spl magustamata kakaopulbrit
- 1 tl küpsetuspulbrit
- 1/2 tl söögisoodat
- 1/4 teelusikatäit soola
- 1 suur muna
- 3/4 tassi petipiima
- 1/3 tassi taimeõli
- 1 tl vaniljeekstrakti
- 1 spl punast toiduvärvi
- 1/2 tassi hakitud pekanipähklit või kreeka pähkleid (valikuline)

STREUSELI KATTEKS:
- 1/4 tassi universaalset jahu
- 1/4 tassi granuleeritud suhkrut
- 2 spl soolata võid, külm

JUHISED:
a) Kuumuta ahi temperatuurini 375 ° F (190 ° C). Vooderda muffinivorm pabervooderdistega või määri pokaalid rasvaga.
b) Vahusta suures kausis jahu, suhkur, kakaopulber, küpsetuspulber, sooda ja sool.
c) Klopi teises kausis muna, petipiim, taimeõli, vaniljeekstrakt ja punane toiduvärv ühtlaseks seguks.
d) Valage märjad koostisosad kuivade koostisosade hulka ja segage, kuni need on lihtsalt segunenud. Kui kasutad, murra sisse hakitud pähklid.
e) Täida iga muffinitops umbes 2/3 ulatuses taignaga.
f) Sega väikeses kausis streuseli katteks jahu ja suhkur. Lõika külmas võis, kuni segu meenutab jämedat puru.
g) Puista streuseli kate igas tassi muffinitaignale.
h) Küpseta 18-20 minutit või kuni keskele torgatud hambaork tuleb puhtana välja.
i) Lase muffinitel mõni minut pannil jahtuda, enne kui tõstad need restile täielikult jahtuma.

26.Punane sametine banaanileib

KOOSTISOSAD:
- 2 küpset banaani, püreestatud
- 1/2 tassi soolata võid, sulatatud
- 3/4 tassi granuleeritud suhkrut
- 1 suur muna
- 1 tl vaniljeekstrakti
- 1 1/2 tassi universaalset jahu
- 1/4 tassi magustamata kakaopulbrit
- 1 tl söögisoodat
- 1/4 teelusikatäit soola
- 1/2 tassi petipiima
- 1 spl punast toiduvärvi
- 1/2 tassi valge šokolaadi laastud (valikuline)

JUHISED:
a) Kuumuta ahi temperatuurini 350 °F (175 °C). Määri 9x5-tolline leivavorm.
b) Segage suures kausis püreestatud banaanid, sulatatud või, suhkur, muna ja vaniljeekstrakt.
c) Sega teises kausis jahu, kakaopulber, sooda ja sool.
d) Lisa kuivained järk-järgult märgadele koostisosadele vaheldumisi petipiimaga ja sega, kuni need on lihtsalt segunenud.
e) Segage punast toiduvärvi, kuni tainas saavutab soovitud punase tooni.
f) Kui kasutad, sega sisse valge šokolaadi laastud.
g) Vala tainas ettevalmistatud leivavormi ja silu pealt spaatliga ühtlaseks.
h) Küpseta 50–60 minutit või kuni keskele torgatud hambaork tuleb puhtana välja.
i) Lase leival 10 minutit pannil jahtuda, enne kui tõstad selle restile täielikult jahtuma.

27.Punane samet Teekoogid

KOOSTISOSAD:
- ¼ tassi võid
- 1 tass Suhkur
- 1 tass piima
- 2 muna
- 2 tassi Jahu
- 3 tl Küpsetuspulbrit
- 1 näputäis soola
- 3 tilka punast toiduvärvi
- 1¼ tl sidruniekstrakti

JUHISED:
a) Kreemi koostisosad kokku.
b) Kuumuta ahi 375 kraadini.
c) Küpseta koogipannil 20 minutit.

28.Punane samet täidisega pannkoogid

KOOSTISOSAD:
PANNKOOGITAIGNA JAOKS:
- 1 ½ tassi universaalset jahu
- 2 spl magustamata kakaopulbrit
- 1 tl küpsetuspulbrit
- ½ tl söögisoodat
- ¼ teelusikatäit soola
- 2 supilusikatäit granuleeritud suhkrut
- 1 tass petipiima
- ½ tassi täispiima
- 2 suurt muna
- 2 spl soolata võid, sulatatud
- 1 tl vaniljeekstrakti
- Punane toiduvärv (vajadusel)

TOORJUUSTU TÄIDISEKS:
- 4 untsi toorjuustu, pehmendatud
- ¼ tassi tuhksuhkrut
- ½ tl vaniljeekstrakti

JUHISED:
VALMISTA PANNKOOGITAINE:
a) Sõeluge suures segamiskausis omavahel jahu, kakaopulber, küpsetuspulber, sooda, sool ja granuleeritud suhkur.
b) Vahusta teises kausis petipiim, täispiim, munad, sulatatud või, vaniljeekstrakt ja punane toiduvärv, kuni need on hästi segunenud.
c) Valage märjad koostisosad kuivade koostisosade hulka ja segage, kuni need on lihtsalt segunenud. Olge ettevaatlik, et mitte üle segada. Tainas peaks olema ühtlane ja veidi paks.

VALMISTA KOORJUUSTU TÄIDIS:
d) Vahusta eraldi kausis pehme toorjuust, tuhksuhkur ja vaniljeekstrakt ühtlaseks ja kreemjaks vahuks. Kõrvale panema.

PANKOOKIDE KÜPETAMINE:
e) Kuumutage mittenakkuvat pann või küpsetusplaat keskmisel kuumusel ja määrige see kergelt või või küpsetusspreiga.
f) Valage iga pannkoogi jaoks pannile umbes ¼ tassi pannkoogitainast.
g) Tõsta iga pannkoogi keskele lusikatäis toorjuustutäidist.
h) Kata toorjuustutäidis veel veidi pannkoogitaignaga, et see seest kinni hoida.
i) Küpseta, kuni pannkookide pinnale tekivad mullid ja servad hakkavad tahenema, seejärel keerake ümber ja küpsetage veel 1-2 minutit, kuni need on mõlemalt poolt kuldpruunid.
j) Serveeri Punane samet täidisega pannkoogid soojalt.
k) Soovi korral lisage enne serveerimist vahukoort, šokolaadilaaste või tilk vahtrasiirupit.

29.Värsked maasika-mochi muffinid

KOOSTISOSAD:
- 2 muna
- 1 tass mis tahes piima
- ⅓ kuni ½ tassi kondenspiima
- Soovi korral lisage magususe suurendamiseks supilusikatäis või kaks granuleeritud suhkrut
- Tilk punast toiduvärvi geeli (valikuline, roosama maiuse jaoks)
- 1 tl misot või suur näputäis soola
- 2 supilusikatäit neutraalset õli või sulatatud soolata võid
- Peotäis värskeid maasikaid (pluss 2 kuubikuteks lõigatud)
- 228 g kleepuvat riisijahu (Mochiko)
- 1 tl küpsetuspulbrit
- Prits vaniljeekstrakti (valikuline)

JUHISED:
a) Kuumuta ahi 350 ° F-ni, asetades selle keskele. Määri või vooderda 12-tassiline muffinipann muffini- või koogivooderdistega.
b) Sega blenderis kõik põhjas olevad märjad koostisosad: munad, piim, kondenspiim, suhkur (kui kasutad), punane toiduvärvigeel (kui kasutad), miso või sool, sulatatud õli või või, värsked maasikad, kuubikuteks lõigatud maasikad, liimjas riisijahu, küpsetuspulber ja vaniljeekstrakt (kui kasutate).
c) Sega, kuni saad ühtlase, homogeense, vedela, kuid paksu taigna.
d) Vala tainas muffinipannile ja küpseta vähemalt 40 minutit või kuni sisse torgatud hambaork või bambusvarras tuleb puhtana välja. Väike kleepuv jääk on vastuvõetav. Vähendage ahju temperatuuri umbes 15 minuti pärast, et vältida pealsete pragude tekkimist.
e) Lase muffinitel kuumal pannil paar minutit taheneda, seejärel jahuta restil täielikult toatemperatuuril.
f) Puista üle kondiitri suhkruga, lisa värskelt tükeldatud maasikad või nirista enne serveerimist veel kondenspiima.
g) Serveeri ja naudi.

30.Punane samet Nutella Mochi muffinid

KOOSTISOSAD:
- 1 tass kleepuvat riisijahu (mochiko)
- ½ tassi kakaopulbrit
- ½ tassi suhkrut
- 1 tl küpsetuspulbrit
- ¼ teelusikatäit soola
- 2 suurt muna
- 1 tass petipiima
- ¼ tassi soolata võid, sulatatud
- 1 tl vaniljeekstrakti
- 2 spl punast toiduvärvi
- Nutella täidiseks

JUHISED:
a) Kuumuta ahi temperatuurini 350 °F (175 °C). Määri muffinivorm või vooderda paberist vooderdistega.
b) Vahusta suures kausis kleepuv riisijahu, kakaopulber, suhkur, küpsetuspulber ja sool.
c) Klopi eraldi kausis lahti munad, seejärel lisa petipiim, sulavõi, vaniljeekstrakt ja punane toiduvärv. Sega hästi.
d) Lisage märjad koostisosad järk-järgult kuivadele koostisosadele, segades, kuni need on lihtsalt segunenud.
e) Tõsta igasse muffinitopsi lusikaga väike kogus tainast, tekitades põhja õhukese kihi.
f) Lisage iga tassi keskele väike Nutella nukk.
g) Kata Nutella veel taignaga, kuni iga tass on umbes ¾ täis.
h) Küpseta eelkuumutatud ahjus 15-20 minutit või kuni keskele torgatud hambaork tuleb puhtana välja.
i) Lase muffinitel 10 minutit vormis jahtuda, seejärel tõsta restile täielikult jahtuma.
j) Kui see on jahtunud, hammustage mahlakaid Punane samet Nutella Mochi muffineid ja nautige veetlevat maitsete sulandumist!

31.Maasika Margarita pannkoogid

KOOSTISOSAD:
- 2 tassi isekerkivat jahu
- 1/2 tassi granuleeritud valget suhkrut
- 1/4 tassi piima
- 1/3 tassi taimeõli
- 3 muna
- 2 spl punast toiduvärvi
- 2 spl puhast maasikaekstrakti
- 1 tl vaniljeekstrakti
- 1 tass hõbedast tequilat
- 1 pint maasikaid, loputatud ja viilutatud
- Kaunistuseks vahukoor
- Roosad suhkrupuiturid, kaunistuseks
- 1 laimi koor, kaunistuseks
- Laimi siirup, retsept on järgmine

Laimisiirup:
- 6 spl laimimahla
- 1 tass tuhksuhkrut

JUHISED:
a) Sega jahu ja suhkur.
b) Klopi juurde õli, piim ja munad. Lisage toiduvärv ja ekstraktid ning segage hästi. Sega juurde tequila.
c) Kuumuta küpsetusplaat temperatuurini 300 kraadi F. Tõsta tainast suure lusika kaupa plaadile. Kui pannkookide peale hakkavad ilmuma mullid, lisage iga pannkoogi peale 1–2 maasikaviilu ja keerake seejärel ümber.
d) Küpseta veel 30 sekundit kuni 1 minut ja seejärel eemalda, asetades pannkoogid maasikapoolega vahapaberile jahtuma.
e) Värskete maasikate kuvamiseks virna need sel viisil (tagurpidi!).
f) Kaunista pannkoogid vahukoore, roosade suhkrupuitritega, laimikoore ja laimisiirupiga.

Laimisiirup:
g) Sega väikeses potis tuhksuhkur ja laimimahl.
h) Kuumuta keskmisel-madalal tulel keema.
i) Pärast lahustumist eemaldage tulelt ja laske jahtuda.

32.Godiva sõõrikud

KOOSTISOSAD:
PUNASE SAMMETISE sõõrikute jaoks:
- 1 tass universaalset jahu
- ¼ tassi magustamata kakaopulbrit
- ½ tl küpsetuspulbrit
- ¼ teelusikatäit söögisoodat
- ¼ teelusikatäit soola
- ¼ tassi soolamata võid, pehmendatud
- ½ tassi granuleeritud suhkrut
- 1 suur muna
- 1 tl vaniljeekstrakti
- ½ tassi petipiima
- 1 spl punast toiduvärvi

TOORJUUSTUGLASUURI KOHTA:
- 4 untsi toorjuustu, pehmendatud
- 1 tass tuhksuhkrut
- 2-3 supilusikatäit piima
- ½ tl vaniljeekstrakti

GODIVA ŠOKOLAADI NIIGUKS:
- 2 untsi Godiva tumedat šokolaadi, tükeldatud

JUHISED:
a) Kuumuta ahi temperatuurini 350 °F (175 °C). Määri sõõrikupann küpsetussprei või võiga.
b) Vahusta segamiskausis jahu, kakaopulber, küpsetuspulber, sooda ja sool. Pange see kuiv segu kõrvale.
c) Vahusta teises segamiskausis pehme või ja granuleeritud suhkur heledaks ja kohevaks vahuks.
d) Klopi hulka muna ja vaniljeekstrakt, kuni see on hästi segunenud.
e) Lisage kuivained järk-järgult märgadele koostisosadele, vaheldumisi kahe-kolme lisandina petipiimaga. Alusta ja lõpeta kuivainetega.
f) Segage punast toiduvärvi, kuni saavutate soovitud värvi.
g) Tõsta punane sametsõõrikutainas torukotti või plastikust lukuga kotti, mille nurk on ära lõigatud.
h) Valage tainas ettevalmistatud sõõrikuvormi, täites iga õõnsuse umbes ⅔ ulatuses.
i) Küpseta sõõrikuid eelsoojendatud ahjus 10-12 minutit või kuni sõõrikusse torgatud hambaork tuleb puhtana välja.
j) Lase sõõrikutel mõni minut pannil jahtuda, seejärel tõsta need restile täielikult jahtuma.

VALMISTA KOORJUUSTUGLAASI:
k) Vahusta segamisnõus pehme toorjuust ühtlaseks massiks.
l) Lisa vähehaaval tuhksuhkur, piim ja vaniljeekstrakt ning sega, kuni glasuur on ühtlane ja kreemjas.
m) Kasta iga jahtunud sõõrik toorjuustuglasuuri sisse, lastes üleliigsel ära tilkuda.

VALMISTA GODIVA ŠOKOLAADI NÕRG:
n) Sulata tükeldatud Godiva tume šokolaad mikrolaineahjus 20-sekundiliste intervallidega, sega ühtlaseks massiks.
o) Nirista toorjuustuglasuuriga sõõrikutele peale sulatatud Godiva tumedat šokolaadi.
p) Enne Punane samet Godiva Donutsi serveerimist laske glasuuril ja šokolaadil taheneda.

EELROID JA SUUNID

33.Punased sametpommid

KOOSTISOSAD:

- 100 grammi tumedat šokolaadi, 90%
- 1 tl vaniljeekstrakti, suhkruvaba
- ⅓ tassi toorjuustu, pehmendatud
- 3 supilusikatäit Steviat
- 4 tilka punast toiduvärvi
- ⅓ tassi kanepi rasket koort, vahustatud

JUHISED:

a) Küpsetage šokolaad mikrolaineahjus mikrolaineahjus sobivas kausis kümnesekundiliste intervallidega.
b) Kõik ülejäänud koostisosad, välja arvatud vahukoor, sega suures segamiskausis kokku.
c) Veenduge, et see oleks täiesti ühtlane, segades seda saumikseriga.
d) Lisage sulatatud šokolaad ja jätkake segamist veel kaks minutit.
e) Täitke torukott seguga poolenisti, asetage see ettevalmistatud küpsetusplaadile ja asetage neljakümneks minutiks külmkappi.
f) Enne serveerimist lisa peale tükike vahukoort.

34. Punased sametkõrvitsabatoonid

KOOSTISOSAD:
- Väikesed keedetud peet, 2
- Kookosjahu, ¼ tassi
- Orgaaniline kõrvitsaseemnevõi, 1 spl
- Kookospiim, ¼ tassi
- Vanilje vadak, ½ tassi
- 85% tume šokolaad, sulatatud

JUHISED:
a) Sega kõik kuivained peale šokolaadi.
b) Sega piim kuivainete peale ja sega hästi.
c) Vormi keskmise suurusega ribadeks.
d) Sulata šokolaad mikrolaineahjus ja lase paar sekundit jahtuda.
e) Nüüd kasta iga tahvel sulašokolaadi sisse ja kata hästi.
f) Hoia külmkapis, kuni šokolaad on tahenenud ja tahenenud.
g) Nautige.

35. Punane samet Fudge Protein Bars

KOOSTISOSAD:
- Röstitud peedipüree, 1 tass
- Vaniljekauna pasta, 1 tl
- Magustamata sojapiim, ½ tassi
- Pähklivõi, ½ tassi
- Roosa Himaalaja soola, ⅛ teelusikatäit
- Ekstrakt, 2 tl
- Toores stevia, ¾ tassi
- Kaerajahu, ½ tassi
- Valgupulber, 1 tass

JUHISED:
a) Sulata potis või ja lisa kaerajahu, valgupulber, peedipüree, vanill, ekstrakt, sool ja stevia. Sega kuni segunemiseni.
b) Nüüd lisage sojapiim ja segage, kuni see on hästi segunenud.
c) Tõsta segu pannile ja pane 25 minutiks külmkappi.
d) Kui segu on tahke, viiluta see 6 batooniks ja naudi.

36.Punane samet Puppy Chow

KOOSTISOSAD:
- 15,25 untsi punase sametise koogi segu
- 1 tass tuhksuhkrut
- 12 untsi valget šokolaadi
- 8 untsi poolmagusat šokolaadi
- 2 spl rasket koort, toatemperatuur
- 12 untsi Chexi teravilja
- 10 untsi M&M's
- ⅛ Tassivärvi puistad

JUHISED:
a) Kuumuta oma ahi temperatuurini 350 ° F.
b) Laota punase sametise koogisegu küpsetuspaberiga kaetud ahjuplaadile.
c) Küpseta ahjus 5-8 minutit.
Võta ahjust välja ja lase jahtuda.
d) Lisa koogisegu ja tuhksuhkur taassuletavasse kotti ning raputa korralikult segunemiseks. Pane ühele poole.
e) Purusta šokolaad kausis, seejärel kuumuta mikrolaineahjus 30-sekundiliste sammudega, vahepeal segades, kuni šokolaad on täielikult sulanud.
f) Sega juurde koor.
g) Lisage Chexi teraviljad teise suurde segamisnõusse ja valage peale šokolaad.
h) Sega teraviljad ettevaatlikult koos šokolaadiga ühtlase kattekihini, seejärel lisa partiidena šokolaadiga kaetud teravilja kotti koos koogisegu ja suhkruga ning loksuta kuni täieliku katmiseni.
i) Tõsta teraviljatükid küpsetuspaberiga kaetud ahjuplaadile.
j) Korrake ülejäänud teraviljaga, seejärel laske tükkidel umbes tund kuivada.
k) Sega M&M-i ja puistaga ning aseta serveerimiseks kaussi.

37. Punane samet Pidu Sega

KOOSTISOSAD:

- 6 tassi šokolaadihelbeid
- ½ tassi pakitud pruuni suhkrut
- ⅓ tassi võid
- 3 supilusikatäit maisisiirupit
- 1 tilk punast geelist toiduvärvi
- 1 tass toidukoogisegu
- ½ tassi Kreemjat toorjuustukreemi

JUHISED:

a) Asetage teravilja suurde mikrolaineahjuga kaussi; kõrvale panema.
b) Keskmises mikrolaineahjus kausis segage mikrolaineahjus pruun suhkur, või, maisisiirup, toiduvärv ja koogisegu ilma kaaneta kõrgel.
c) Vala kohe teraviljale; viska, kuni see on hästi kaetud.
d) Laota vahatatud paberile. Jahuta 5 minutit.
e) Asetage väikesesse mikrolaineahjus kasutatavasse kaussi glasuur; mikrolaineahjus kaaneta kõrgel 20 sekundit.
f) Nirista üle teraviljasegule. Hoida lõdvalt kaetult.

38.Punane samet koogipallid

KOOSTISOSAD:
- 15,25 untsi punase sametise koogi segu
- 1 tass täispiima
- ⅓ tassi soolatud võid, sulatatud
- 3 tl vaniljeekstrakti, jagatud
- Köögiviljade lüpsmine, pannile
- Universaalne jahu pannile
- 8 untsi pkg. toorjuust pehmeks
- ½ tassi soolatud võid, pehmendatud
- 4 tassi tuhksuhkrut
- 30 untsi valged sulavad vahvlid
- Punased ja valged puistad ja lihvimissuhkrud

JUHISED:

a) Kuumuta ahi temperatuurini 350 ° F. Vahusta koogisegu, piim, sulatatud või ja 1 teelusikatäis vanilli kausis, mis on varustatud labajaotusega, madalal kiirusel, kuni see on hästi segunenud, umbes 1 minut. Suurendage kiirust keskmisele ja pekske 2 minutit. Valage tainas võiga määritud ja jahuga ülepuistatud 13 x 9-tollisse küpsetuspannile.

b) Küpseta eelsoojendatud ahjus, kuni keskele torgatud puuots tuleb puhtana välja, 24–28 minutit. Jahuta pannil restil 15 minutit. Tõsta kook restile ja lase umbes 2 tundi täielikult jahtuda.

c) Vahepeal vahustage toorjuust ja pehme või tugeva seisumikseri labaga keskmisel kiirusel kreemjaks. Vähendage kiirust madalaks ja lisage järk-järgult tuhksuhkur ja ülejäänud 2 tl vaniljet, vahustades kuni segunemiseni. Suurendage kiirust keskmisele kõrgele ja vahustage 1–2 minutit, kuni see muutub kohevaks.

d) Murenda jahtunud kook suurde kaussi. Segage 2 tassi toorjuustu glasuuriga.

e) Veereta koogisegust 48 palli, mille läbimõõt on umbes 1 tolli. Asetage pallid küpsetusplaatidele ja katke need kilega. Jahutage 8 tundi või üleöö.

f) Sulata 1 pakk sulatusvahvleid mikrolaineahjus keskmise suurusega mikrolaineahjus vastavalt pakendi juhistele.

g) Kasta kahvliga ja 1 tordipalliga korraga töötades pall sulatatud vahvlitesse, lastes üleliigsel kaussi tagasi tilkuda. Asetage pall küpsetuspaberiga kaetud ahjuplaadile ja puistake kohe üle soovitud koguse pritsmeid või lihvsuhkruid.

h) Korrake ülejäänud 15 koogipalli ja sulatatud vahvlitega kausis, puhastades iga kastmise vahel kahvlit.

i) Pühkige kauss puhtaks ja korrake veel 2 korda ülejäänud jahutatud koogipallide ja 2 paki sulavate vahvlitega ning soovitud koguse puistadega. Jahuta kuni serveerimiseks valmis.

39. Punane samet Pisiasjad tassid

KOOSTISOSAD:
- Küpsetussprei
- 15,25 untsi pakk Punane samet Cake Mixi
- 1 tass madala rasvasisaldusega petipiima või vett
- 3 muna
- ½ tassi taimeõli
- 7 untsi vanilje või juustukoogi kiirpudingi segu
- 4 tassi täispiima
- Serveerimiseks vahustatud kate ja šokolaadilaastud

JUHISED:
a) Kuumuta ahi temperatuurini 350 ° F.
b) Piserdage tarretisvormi küpsetusspreiga.
c) Sega koogisegu, petipiim või vesi, munad ja õli suures kausis elektrimikseriga madalal kiirusel, kuni need on niisutatud, umbes 30 sekundit.
d) Vahusta keskmisel kiirusel 2 minutit. Vala pannile.
e) Küpseta 15–18 minutit, kuni keskele torgatud hambaork tuleb puhtana välja.
f) Jahuta kooki pannil restil, kuni see on täielikult jahtunud.
g) Kasutage sakilise nuga, et kook 120 väikeseks ruuduks.
h) Valmistage puding vastavalt pakendi juhistele.
i) Aseta 10 tordikuubikut serveerimisklaasi ja laota ühtlaselt pudinguga.
j) Katke iga tühitass vahustatud katte ja šokolaadilaastudega.

40. Punane samet Juustupall

KOOSTISOSAD:
- 8 untsi toorjuustu, toatemperatuur
- ½ tassi soolamata võid, toatemperatuur
- 15,25 untsi karbiga punase sametkoogi segu, kuiv
- ½ tassi tuhksuhkrut
- 2 spl pruuni suhkrut
- ½ tassi mini šokolaaditükke
- vaniljeküpsised/graham kreekerid, serveerimiseks

JUHISED:
a) Vahusta labakinnitusega mikseri kausis toorjuust ja või ühtlaseks massiks.
b) Lisa koogisegu, tuhksuhkur ja pruun suhkur. Segage, kuni see on hästi segunenud.
c) Kraapige segu suurele kiletükile. Kasuta mähist, et vormida segu palliks. Külmkapis kilepakendis, kuni see on käsitsemiseks piisavalt kõva, umbes 30 minutit.
d) Aseta taldrikule šokolaaditükid. Keerake juustupall lahti ja veeretage šokolaaditükkides.
e) Serveeri vaniljeküpsiste, grahami kreekeritega jne.

41. Punane samet Juustukook Brownie Hammustused

KOOSTISOSAD:
PRUUNIDELE:
- 8 spl soolata võid, sulatatud
- 1 tass suhkrut
- ¼ tassi magustamata kakaopulbrit
- ½ tl vaniljeekstrakti
- 1 supilusikatäis punast toiduvärvi
- ⅛ teelusikatäis soola
- ½ tl valget äädikat
- 2 suurt muna, kergelt vahustatud
- ¾ tassi universaalset jahu

JUUSTUSTOOGI TÄIDISEKS:
- 8-untsi pakett pehmendatud toorjuustu
- 3 supilusikatäit suhkrut
- ½ tl vaniljeekstrakti
- 1 suur munakollane

JUHISED:
TEE BROWNIE TAIGNA:
a) Kuumuta ahi 350ºF-ni. Määri minimuffinipann küpsetusspreiga.
b) Segage suures kausis sulatatud või, suhkur, kakaopulber, vaniljeekstrakt, toiduvärv ja sool, kuni segu on segunenud, seejärel segage valge äädikas.
c) Lisa munad ja sega ühtlaseks. Voldi jahu sisse, kuni see on segunenud. Tõsta brownie segu kõrvale.

TEE JUUSTUSTOOGI TÄIDIST:
d) Vahusta toorjuust, millel on labakinnitus, kausis, suhkru, vaniljeekstrakti ja munakollasega, kuni see on segunenud. Tõsta juustukoogi segu torukotti või suletavasse kilekotti ja lõika ots ära.
e) Kasuta väikese jäätiselusikaga umbes 1 supilusikatäis brownie tainast mini-muffinipanni igasse süvendisse. Tõsta brownie taigna peale umbes 1 tl juustukoogisegu, seejärel lisa juustukoogisegu veel 1 tl brownie taignaga. Keera hambaorku abil brownie-tainas ja juustukoogi segu kokku.
f) Küpseta brownie hammustusi umbes 12 minutit või kuni juustukoogisegu on täielikult küpsenud. Eemaldage brownie hammustused ahjust ja

42.Punane samet Riis Krisjuuress

KOOSTISOSAD:

- 10,5 untsi mini vahukommid
- 3 supilusikatäit võid
- ½ teelusikatäit
- ¾ tassi punase sametise koogi segu
- 6 tassi krõbedat riisiterahelbe
- ½ tl punast toiduvärvi valikuline

JUHISED:

a) Sulata suures potis keskmisel-madalal kuumusel või ja minivahukommid.
b) Kui vahukommid on täielikult sulanud, sega hulka vanilje- ja punase sametisegu. Kui tunnete, et see peaks olema punasem, lisage sellel hetkel toiduvärv.
c) Eemaldage tulelt ja segage ettevaatlikult riisikrõpsud, kuni need on ühtlaselt kaetud.
d) Kui kõik on kombineeritud, jagage need ühtlaselt vahtplaatide vahel.
e) Kata kandikud kilega ja serveeri.

43. Punane samet Chips

KOOSTISOSAD:
- 4 keskmist peeti, loputage ja viilutage õhukesteks viiludeks
- 1 tl meresoola
- 2 spl oliiviõli
- Hummus, serveerimiseks

JUHISED:
a) Kuumuta õhufritüür temperatuurini 380 °F.
b) Viska suures kausis peet meresoola ja oliiviõliga, kuni need on hästi kaetud.
c) Pange peediviilud õhkfritüüri ja laotage need ühe kihina laiali.
d) Prae 10 minutit. Segage, seejärel prae veel 10 minutit. Segage uuesti, seejärel praege viimased 5–10 minutit või kuni laastud saavutavad soovitud krõbeduse.
e) Serveeri koos lemmikhummusega.

44.Punane samet Crinkle küpsised

KOOSTISOSAD:
- 1 1/2 tassi universaalset jahu
- 1/4 tassi magustamata kakaopulbrit
- 1 1/2 teelusikatäit küpsetuspulbrit
- 1/4 teelusikatäit soola
- 1/2 tassi soolamata võid, pehmendatud
- 1 tass granuleeritud suhkrut
- 2 suurt muna
- 1 tl vaniljeekstrakti
- 1 spl punast toiduvärvi
- 1/2 tassi tuhksuhkrut, rullimiseks

JUHISED:
a) Vahusta kausis jahu, kakaopulber, küpsetuspulber ja sool. Kõrvale panema.
b) Vahusta teises kausis või ja suhkur heledaks ja kohevaks vahuks. Lisa ükshaaval munad, pärast iga lisamist korralikult vahustades. Sega juurde vanilliekstrakt ja punane toiduvärv.
c) Lisa märjale segule järk-järgult kuivained, sega, kuni need on lihtsalt segunenud.
d) Kata tainas kaanega ja jahuta vähemalt 1 tund külmkapis.
e) Kuumuta ahi temperatuurini 350 °F (175 °C) ja vooderda küpsetusplaadid küpsetuspaberiga.
f) Vormige tainast 1-tollised pallid, seejärel veeretage iga pall tuhksuhkru sees.
g) Asetage kaetud pallid ettevalmistatud küpsetusplaatidele, asetades need üksteisest umbes 2 tolli kaugusele.
h) Küpseta 10-12 minutit või kuni servad on küpsenud. Lase küpsetusplaatidel mõni minut jahtuda, enne kui tõstad restile täielikult jahtuma.

45.Punane samet Juustukook Keerisema Blondies

KOOSTISOSAD:
- 1/2 tassi soolata võid, sulatatud
- 1 tass granuleeritud suhkrut
- 2 suurt muna
- 1 tl vaniljeekstrakti
- 1 spl punast toiduvärvi
- 1 tass universaalset jahu
- 1/4 teelusikatäit soola
- 8 untsi toorjuustu, pehmendatud
- 1/4 tassi granuleeritud suhkrut
- 1 suur munakollane

JUHISED:
a) Kuumuta ahi temperatuurini 350 °F (175 °C) ja määri 9x9-tolline küpsetusvorm rasvaga.
b) Vahusta suures kausis sulatatud või ja suhkur. Klopi ükshaaval sisse munad, seejärel lisa vanilliekstrakt ja punane toiduvärv.
c) Segage järk-järgult jahu ja sool, kuni need on lihtsalt segunenud.
d) Vahusta eraldi kausis toorjuust, suhkur ja munakollane ühtlaseks massiks.
e) Laota blondie tainas ettevalmistatud ahjuvormi. Tõsta lusikatäied toorjuustusegu taigna peale, seejärel keeruta noaga.
f) Küpseta 25-30 minutit või kuni keskele torgatud hambaork tuleb puhtana välja. Enne ruutudeks lõikamist lase jahtuda.

46.Punane samet Whoojuures pirukad

KOOSTISOSAD:
- 2 tassi universaalset jahu
- 2 spl kakaopulbrit
- 1 tl küpsetuspulbrit
- 1/2 tl söögisoodat
- 1/2 teelusikatäit soola
- 1/2 tassi soolamata võid, pehmendatud
- 1 tass granuleeritud suhkrut
- 2 suurt muna
- 1 tl vaniljeekstrakti
- 1 spl punast toiduvärvi
- 1/2 tassi petipiima

TOORJUUSTU TÄIDISEKS:
- 8 untsi toorjuustu, pehmendatud
- 1/4 tassi soolamata võid, pehmendatud
- 2 tassi tuhksuhkrut
- 1 tl vaniljeekstrakti

JUHISED:
a) Kuumuta ahi temperatuurini 350 °F (175 °C) ja vooderda küpsetusplaadid küpsetuspaberiga.
b) Vahusta kausis jahu, kakaopulber, küpsetuspulber, sooda ja sool.
c) Vahusta teises kausis või ja suhkur heledaks ja kohevaks vahuks. Lisa ükshaaval munad, pärast iga lisamist korralikult vahustades. Sega juurde vanilliekstrakt ja punane toiduvärv.
d) Lisa märjale segule järk-järgult kuivained, vaheldumisi petipiimaga, alustades ja lõpetades kuivainetega.
e) Tõsta supilusikatäied tainast ettevalmistatud küpsetusplaatidele, asetades need üksteisest umbes 2 tolli kaugusele.
f) Küpseta 10-12 minutit või kuni servad on küpsenud. Lase küpsetusplaatidel mõni minut jahtuda, enne kui tõstad restile täielikult jahtuma.
g) Toorjuustutäidise valmistamiseks vahusta toorjuust, või, tuhksuhkur ja vaniljeekstrakt ühtlaseks massiks.
h) Määri toorjuustutäidis poolte küpsiste lamedale küljele, seejärel võileibade tegemiseks teine küpsis.

47.Punane samet Keerisema Brownies

KOOSTISOSAD:
- 1/2 tassi soolamata võid
- 1 tass granuleeritud suhkrut
- 2 suurt muna
- 1 tl vaniljeekstrakti
- 1 1/2 tassi universaalset jahu
- 1/4 tassi kakaopulbrit
- 1/2 teelusikatäit soola
- 1 spl punast toiduvärvi
- 1/2 tassi šokolaaditükke

JUHISED:
a) Kuumuta ahi temperatuurini 350 °F (175 °C) ja määri 9x9-tolline küpsetusvorm rasvaga.
b) Sulata mikrolaineahjus kasutatavas kausis või. Segage suhkrut, kuni see on hästi segunenud.
c) Klopi ükshaaval sisse munad, seejärel lisa vanilliekstrakt ja punane toiduvärv.
d) Vahusta eraldi kausis jahu, kakaopulber ja sool. Lisa märjale segule järk-järgult kuivained, sega, kuni need on lihtsalt segunenud.
e) Voldi sisse šokolaaditükid, seejärel vala tainas ettevalmistatud ahjuvormi.
f) Keerutage tainast hambaorki või nuga kasutades, et luua marmorjas efekt.
g) Küpseta 25-30 minutit või kuni keskele torgatud hambaork tuleb puhtana välja. Enne ruutudeks lõikamist lase jahtuda.

48.Punane samet küpsisebatoonid

KOOSTISOSAD:
- 1/2 tassi soolata võid, sulatatud
- 1 tass granuleeritud suhkrut
- 2 suurt muna
- 1 tl vaniljeekstrakti
- 1 1/2 tassi universaalset jahu
- 2 spl kakaopulbrit
- 1/2 teelusikatäit soola
- 1 spl punast toiduvärvi
- 1 tass šokolaaditükid

JUHISED:
a) Kuumuta ahi temperatuurini 350 °F (175 °C) ja määri 9x13-tolline küpsetuspann rasvaga.
b) Sega suures kausis sulatatud või ja suhkur. Klopi ükshaaval sisse munad, seejärel lisa vanilliekstrakt ja punane toiduvärv.
c) Vahusta eraldi kausis jahu, kakaopulber ja sool. Lisa märjale segule järk-järgult kuivained, sega, kuni need on lihtsalt segunenud.
d) Voldi sisse šokolaaditükid, seejärel jaota tainas ühtlaselt ettevalmistatud ahjuvormi.
e) Küpseta 20-25 minutit või kuni keskele torgatud hambaork tuleb puhtana välja. Enne batoonideks lõikamist lase jahtuda.

49.Punane samet toorjuustu täidisega küpsised

KOOSTISOSAD:
- 1/2 tassi soolamata võid, pehmendatud
- 1/2 tassi granuleeritud suhkrut
- 1/2 tassi pruuni suhkrut
- 1 suur muna
- 1 tl vaniljeekstrakti
- 1 spl punast toiduvärvi
- 1 3/4 tassi universaalset jahu
- 1/4 tassi kakaopulbrit
- 1/2 tl söögisoodat
- 1/4 teelusikatäit soola
- 4 untsi toorjuustu, pehmendatud
- 1/2 tassi tuhksuhkrut
- 1/2 tl vaniljeekstrakti

JUHISED:
a) Kuumuta ahi temperatuurini 350 °F (175 °C) ja vooderda küpsetusplaadid küpsetuspaberiga.
b) Vahusta suures kausis või, granuleeritud suhkur ja pruun suhkur heledaks ja kohevaks. Klopi sisse muna, vaniljeekstrakt ja punane toiduvärv.
c) Vahusta eraldi kausis jahu, kakaopulber, sooda ja sool. Lisa märjale segule järk-järgult kuivained, sega, kuni need on lihtsalt segunenud.
d) Vahusta teises kausis toorjuust, tuhksuhkur ja vaniljeekstrakt ühtlaseks massiks.
e) Kopeeri supilusikatäied küpsisetainast ja lameda need ketasteks. Aseta pooltele ketastele väike lusikatäis toorjuustutäidist, seejärel võileibade moodustamiseks peale ülejäänud kettad.
f) Sulgege küpsiste servad kokku, rullige need õrnalt pallideks ja asetage ettevalmistatud küpsetuspaberitele.
g) Küpseta 10-12 minutit või kuni servad on küpsenud. Lase küpsetusplaatidel mõni minut jahtuda, enne kui tõstad restile täielikult jahtuma. Nautige oma täidetud küpsiseid!

50.Punane samet Bonbons

KOOSTISOSAD:
- 1 tass Või
- ⅓ tassi Kondiitri suhkur
- ¾ tassi Maisitärklis
- 1¼ tassi Sõelutud universaalne jahu
- ½ tassi Pekanipähklid , peeneks hakitud

BON BON FROSTING :
- 1 teelusikatäis Või
- 2 supilusikatäit Limonaad
- 1 Punane toiduvärv

JUHISED:
a) Sega või suhkruga väga heledaks ja kohevaks.
b) Lisa maisitärklis ja jahu, sega korralikult läbi. Külmkapis, kuni seda on lihtne käsitseda.
c) Kuumuta ahi 350 kraadini. Vormige tainast 1-tollised pallid.
d) Asetage pallid pekanipähklitele ja hajutage vahatatud paberile.
e) Tasandage jahusse kastetud klaasi põhjaga.
f) Aseta küpsised spaatliga määrimata küpsiseplaadile, pähklipool ülespoole.
g) Küpseta 15 minutit. Lahe.
h) Frost Bon Bon Frostingiga.

BON BON FROSTING :
i) Segage või, toiduvärv ja sidruniaad ühtlaseks massiks.
j) Keerake iga küpsise peale glasuur.

51.Punane samet Lahtitõmmatavad

KOOSTISOSAD:
- Õhtusöögirullid , sulatatud
- 2 sidruni riivitud koor
- ¼ tassi Või
- ½ tassi Suhkur

TSITRUSE GLAAZE:
- 1 tass Tuhksuhkur
- 1 supilusikatäis Või , sulatatud
- 2 supilusikatäit Värske sidrunimahl
- 3 tilka punast toiduvärvi

JUHISED:
a) Lõika sulatatud rullid pooleks ja aseta määritud sisse sügav roog pitsapann.
b) Sulata või ja vala rullidele.
c) M ix riivitud sidrunikoor suhkru ja s pritsiga rullidele.
d) Katke kilega, mis on pihustatud mittenakkuva toiduvalmistamisspreiga.
e) Lase kerkida, kuni see kahekordistub. Eemalda ümbris ja küpseta 350° juures umbes 25 minutit.

TSITRUSE GLAAZE:
f) Kombineeri glasuuri koostisained ja sega õhukeseks.
g) Kata rullid soojalt glasuuriga .

52. Punane sametkoor

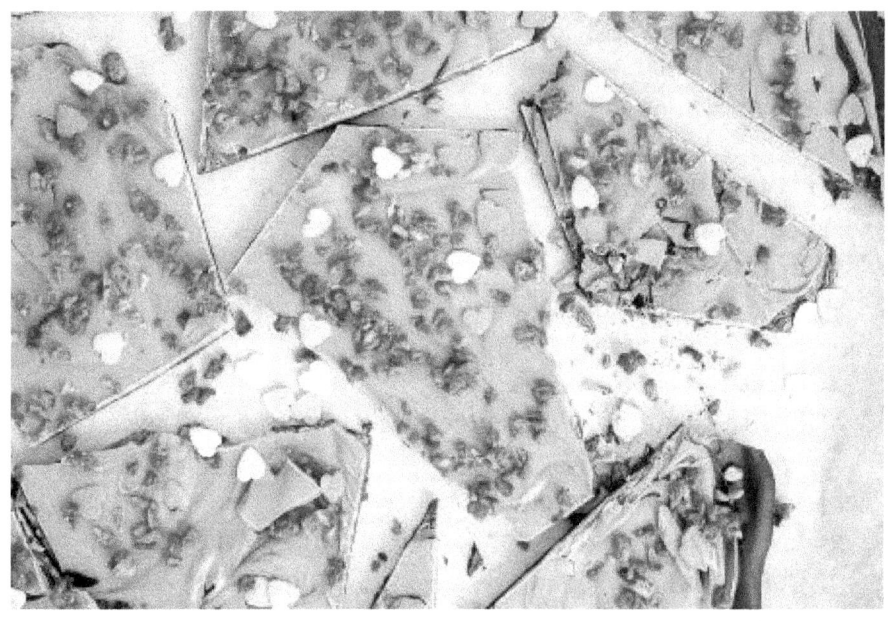

KOOSTISOSAD:
- 11 o untsi valge šokolaadi laastud
- 1 spl sidruni ekstrakti
- 4 tilka punast toiduvärvi
- ½ teelusikatäis sidrunhapet või maitse järgi
- 0,5 untsi kott külmkuivatatud maasikaid

JUHISED:
a) Valmistage ette küpsetusplaat, kattes selle küpsetuspaberiga.
b) Sulata valge šokolaaditükid mikrolaineahjus 30-sekundiliste sammudega ja voorude vahel segades.
c) Sega sidruniekstrakt ja toiduvärv sulatatud valge šokolaadi hulka ning sega ühtlaseks.
d) Lisa maitse järgi sidrunhapet.
e) Määri küpsetusplaadile õhukese kihina valge šokolaad.
f) Puista valge šokolaadi peale külmkuivatatud maasikad .
g) Koputage suured maasikatükid kergelt šokolaadi sisse.
h) Tõsta tund aega külmkappi, et šokolaad tahkuks. Lõika tükkideks ja serveeri.

53.Punane samet & Açaí Maqui Marja baarid

KOOSTISOSAD:
KOORIKU EEST
- ¾ tassi magustamata kookoshelbeid
- ¼ tassi mandlijahu
- 4 kivideta Medjooli datlit
- 2 spl kookosõli
- ¼ teelusikatäit koššersoola

TÄIDISEKS
- 2 tassi tooreid india pähkleid, leotatud
- ½ tassi konserveeritud täisrasvast kookospiima
- ¼ tassi kookosõli, sulatatud ja jahutatud
- ⅓ tassi puhast vahtrasiirupit
- ¼ tassi roosa limonaadi kontsentraati
- ¼ tassi Açaí Maqui marjasegu
- Kaunistuseks mustikad

JUHISED:
a) Vooderda 8×8-tolline pann küpsetuspaberiga ja määri kookosõliga. Kõrvale panema.
b) Lisa köögikombaini kookospähkel, mandlijahu, kivideta datlid, kookosõli ja sool.
c) Purusta, kuni see muutub kokku kleepuvaks tainaks.
d) Suru datlitaigen ühtlaselt mööda ettevalmistatud panni põhja.
e) Sega samas köögikombainis kõik täidise koostisosad ja blenderda ühtlaseks massiks.
f) Vala täidis ettevalmistatud pannile kooriku peale.
g) Siluke pealmine osa ja koputage panni tugevasti vastu letti, et õhumullid vabastaksid.
h) Aseta tasasele pinnale sügavkülma vähemalt 3 tunniks enne lõikamist tahkuma.
i) Laske neil 10-15 minutit toatemperatuuril sulada.

54.Punane samet Riis Krisjuuress

KOOSTISOSAD:

- 10,5 untsi mini vahukommid
- 3 supilusikatäit võid
- ½ teelusikatäit
- ¾ tassi punase sametise koogi segu
- 6 tassi krõbedat riisiterahelbe
- ½ tl punast toiduvärvi valikuline

JUHISED:

a) Sulata suures potis keskmisel-madalal kuumusel või ja minivahukommid.
b) Kui vahukommid on täielikult sulanud, sega hulka vanilje- ja punase sametisegu. Kui tunnete, et see peaks olema punasem, lisage sellel hetkel toiduvärv.
c) Eemaldage kuumusest ja segage riisikrõpsud ettevaatlikult, kuni need on ühtlaselt kaetud.
d) Kui kõik on kombineeritud, jagage need ühtlaselt vahtplaatide vahel.
e) Kata kandikud kilega ja serveeri.

55. Moos ja kookos Madeleines

KOOSTISOSAD:
MADELEINES:
- 100 g võid, jämedalt tükeldatud
- 1 muna
- 1 tl vaniljeekstrakti
- ¼ tassi tuhksuhkrut
- ¼ tassi peeneks kuivatatud kookospähklit
- ½ tassi tavalist jahu
- ½ tl küpsetuspulbrit
- 100 g maasikamoosi

ROOSA glasuur:
- 2 tassi tuhksuhkrut, sõelutud
- 1 spl piima
- 3 tilka punast toiduvärvi
- 2 tl vaniljekauna ekstrakti

KOOKOSPURU:
- ½ tassi peeneks kuivatatud kookospähklit
- ½ tassi linnase-o-piimaküpsiseid, purustatud
- 50 g valget šokolaadi (valikuline)

JUHISED:

a) Kuumuta ahi 180°C-ni (160°C ventilaatoriga). Määri 12-auguline madeleine vorm kergelt rasvainega ja puista see kergelt tavalise jahuga. Raputa välja liigne jahu.

b) Sulata 100 g võid väikeses potis keskmisel kuumusel 2-3 minutit, kuni see on kergelt pruunistunud. Jahuta sulavõi.

c) Vahusta segamisnõus muna, vaniljeekstrakt, tuhksuhkur ja kuivatatud kookospähkel 3 minutit, kuni see on kahvatu ja kreemjas.

d) Sõelu kokku tavaline jahu ja küpsetuspulber. Sega jahusegu õrnalt munasegu hulka. Lisa sulatatud või ja sega ühtlaseks.

e) Tõsta taigen lusikaga madeleine'i vormidesse, täites igaüks ainult poolenisti. Tõsta iga madeleine'i keskele ¼ teelusikatäit maasikamoosi, seejärel kata veel veidi taignaga.

f) Küpseta 9 minutit või kuni madeleinid on kergelt kuldsed ja pehmed. Laske neil 2 minutit vormis seista, seejärel keerake need restile täielikult jahtuma.

g) Roosa glasuuri valmistamiseks segage keskmises kausis sõelutud tuhksuhkur, piim, punane toiduvärv ja vaniljekauna ekstrakt. Segage, kuni moodustub veidi paks pasta, ja asetage see kõrvale.

h) Kookospähklipuru jaoks keera malt-o-milk küpsised puruks köögikombaini. Lisa kuivatatud kookospähkel (ja valikuliselt valge šokolaad) ja kuumuta veel 20 sekundit.

i) Nirista roosat glasuurit iga madeleine'i peale ja puista kookospähklipuru ühele küljele või kogu peale, olenevalt sellest, kas eelistad rohkem krõmpsu.

j) Nautige neid kauneid ja maitsvaid moosi- ja kookosemadeleinesid veetleva maiuspalana teeaja või mõne erilise sündmuse jaoks!

MAGUSTOIT

56. Toorjuustutäidisega punased sametküpsised

KOOSTISOSAD:
TOORJUUSTU TÄIDIS:
- 1 pakk (8 untsi/227 g) toorjuustu, pehmendatud
- 2/3 tassi (75 g) kondiitri suhkrut
- 2 supilusikatäit (15 g) King Arthuri pleegitamata universaaljahu või King Arthuri gluteenivaba mõõtjahu mõõtmiseks
- 1/2 tl King Arthuri puhast vaniljeekstrakti
- 1/8 tl lauasoola

Tainas:
- 2 tassi (240 g) King Arthuri pleegitamata universaaljahu või King Arthuri gluteenivaba mõõtjahu mõõtmiseks
- 1/3 tassi (28 g) King Arthuri kolmekordse kakaosegu
- 1 1/2 teelusikatäit küpsetuspulbrit
- 1/2 tl lauasoola
- 1 1/3 tassi (266 g) granuleeritud suhkrut
- 8 spl (113g) soolata võid, pehmendatud
- 2 suurt muna, toatemperatuuril
- 1 tl King Arthur puhast vaniljeekstrakti
- 1 tl geelpunast toiduvärvi

KOOSTAMINE:
- 1/2 tassi (99 g) granuleeritud suhkrut
- 1/2 tassi (57 g) kondiitri suhkrut

JUHISED:
a) Kuumuta ahi temperatuurini 350 °F ja vooderda küpsetusplaat pärgamendiga.

TOORJUUSTU TÄIDIS:
b) Sega suures kausis või mikseri kausis kõik täidise koostisosad kokku ja sega ühtlaseks massiks umbes 2 minutit.

Tainas:
c) Sõelu kokku jahu, kakaopulber, küpsetuspulber ja sool keskmisesse kaussi. Kõrvale panema.
d) Vahusta suures kausis või segistis granuleeritud suhkur ja või kohevaks vahuks.
e) Lisa ükshaaval munad, lisamise vahel korralikult vahustades. Lisa vanilje ja toiduvärv, vahustades.
f) Lisa kuivained ja klopi, kuni kuivained enam ei jää. Asetage tainas külmkappi vähemalt 30 minutiks või kuni 1 päevaks ette.

KOKKUVÕTE JA KÜPSETA:
g) Kuumuta ahi 350 °F-ni, mille keskel on rest ja vooderdage küpsetusplaat pärgamendiga.
h) Asetage ülejäänud granuleeritud suhkur ja kondiitri suhkur eraldi kaussidesse.
i) Kasutage ümarat jumbo küpsiselussi, et jaotada küpsetusplaadile 16 küpsise tainast (igaüks umbes 47 g).
j) Korja üles üks portsjon, vajuta süvend keskele, aseta täidisega külmunud küngas, näpi tainas täidise ümber kokku ja rulli palliks. Korrake veel 7 portsjoniga.
k) Kata täidetud taignapallid granuleeritud suhkruga ja seejärel kondiitri suhkruga.
l) Küpseta 16–18 minutit või kuni see on kõikjalt pragunenud ja servadest kuivanud. Lase küpsetusplaadil taheneda ja tõsta seejärel restile täielikult jahtuma.
m) Kuni esimene partii küpseb, täitke ja katke ülejäänud küpsised.
n) Serveeri toatemperatuuril.
o) Salvestusinfo:
p) Ülejäänud küpsiseid säilita õhukindlas anumas toatemperatuuril kuni 2 päeva.

57.Rabarberi pelmeenid

KOOSTISOSAD:
KASTE:
- 1½ tassi suhkrut
- 1½ tassi vett
- 1 tass jahu
- ⅓ tassi võid
- ¼ teelusikatäit kaneeli
- 1 tl vanilli
- ¼ teelusikatäit soola
- 1 tilk punast toiduvärvi

TAIGNA JAOKS:
- 2 tassi Jahu
- ¼ teelusikatäit soola
- 2 supilusikatäit Suhkur
- 2½ supilusikatäit külma võid
- 2 tl küpsetuspulbrit
- ½ tassi piima (võib vajada kuni ¾ tassi)
- 2 spl Võid, pehmendatud

TÄIDISEKS:
- ½ tassi suhkrut
- 2 tassi peeneks hakitud rabarberit
- Kaneel (tolmutamiseks)

JUHISED:
KASTE:
a) Kuumuta ahi temperatuurini 350 °F (175 °C).
b) Sega väikeses kastrulis suhkur, jahu, kaneel ja sool.
c) Sega vähehaaval juurde vesi ja lisa või.
d) Kuumuta kõrgel kuumusel keemiseni ja keeda 1 minut.
e) Lisage vanilje ja soovi korral veidi punast toiduvärvi, et toonida tumeroosa.
f) Lase kastmel jahtuda.

TAIGNA JAOKS:
g) Sega keskmises segamiskausis või köögikombainis jahu, suhkur, küpsetuspulber ja sool.
h) Tükelda või töötle külmas võis, kuni segu meenutab väikseid maisitükke.
i) Lisa piim ja sega kiiresti.
j) Rulli tainas jahusel pinnal 12 x 10-tolliseks ristkülikuks.
k) Määri taignale pehme või, seejärel laota peale tükeldatud rabarber.
l) Puista suhkur üle kogu rabarberi ja puista ohtralt kaneeliga.
m) Rulli tainas pikemast küljest kokku ja aseta lõikelauale, õmblusega pool allpool.
n) Lõika rull 12 viiluks.
o) Asetage viilud lõikepool üleval õlitatud 3-liitrisesse lamedasse klaasist küpsetusnõusse.
p) Vala peale jahtunud kaste.
q) Küpseta 35 minutit või kuni pelmeenid on paisunud ja kuldpruunid.
r) Serveeri soovi korral koorega.
s) Nautige oma maitsvaid rabarberi pelmeene!

58. Punane samet Tres Leches kook

KOOSTISOSAD:
KOOK:
- 1 karp Devil's Food Cake Mix
- 1 tass vett
- 1 spl taimeõli
- 4 muna
- 2 tl vanilli
- 1 pudel (1 unts) punast toiduvärvi (umbes 2 supilusikatäit)

TRES LECHES SEGU:
- 1 purk (14 untsi) magustatud kondenspiima (aurutamata)
- 1 tass Iiri koorelikööri
- ½ tassi rasket vahukoort

TOPPING:
- 1 ½ tassi rasket vahukoort
- 3 spl tuhksuhkrut
- ½ tl vanilli

GARNIS:
- ¼ tassi raseeritud tumeda šokolaadi küpsetusbatoon

JUHISED:

a) Kuumuta ahi vastavalt koogisegu juhistele. Määri ja jahuga 13x9-tolline küpsetusvorm.
b) Sega suures kausis koogisegu, vesi, taimeõli, munad, vanill ja punane toiduvärv. Segage, kuni see on hästi segunenud.
c) Vala tainas ettevalmistatud ahjuvormi ja küpseta vastavalt pakendi juhistele. Pärast küpsetamist lase koogil veidi jahtuda.
d) Segage segamiskausis omavahel magustatud kondenspiim, Iiri kooreliköör ja tugev vahukoor, et saada Tres lechesi segu.
e) Kuni kook on veel soe, torka sellele kahvli või vardasse augud. Valage Tres Leches segu aeglaselt koogile, lastes sellel aukudesse imbuda. Hoia kooki külmkapis vähemalt 2 tundi või kuni see on hästi jahtunud.
f) Vahusta teises kausis kõva vahukoor, tuhksuhkur ja vanill, kuni moodustuvad tugevad piigid. Määri vahukoor jahtunud koogile.
g) Kaunista kook raseeritud tumeda šokolaadi küpsetusplaadiga.
h) Lõika ja serveeri see veetlev Punane samet Tres Leches kook, et nautida rikkalikke ja dekadentlikke maitseid!

59.Kommid Cane koogirull

KOOSTISOSAD:
TOOGI JAOKS:
- 1 tass universaalset jahu
- 1 tl hapukoort
- ½ tl küpsetuspulbrit
- 1 tass granuleeritud suhkrut
- 3 suurt muna
- ⅓ tassi vett
- ½ tl punast toiduvärvi
- ¼ tassi tuhksuhkrut tolmutamiseks

TÄIDISEKS:
- 2 tassi tuhksuhkrut
- 1 tass võid, pehmendatud
- 1 tl piparmündi ekstrakti

KATTEKS:
- ½ tassi tuhksuhkrut
- 1 supilusikatäis piima
- 2 kommirooga, purustatud

JUHISED:

a) Kuumuta ahi temperatuurini 375 ° F. Vooderdage 10 × 15-tolline tarretisrull pärgamendi või vahapaberiga.
b) Vahusta suures kausis jahu, tartarikoor, küpsetuspulber ja granuleeritud suhkur.
c) Vahusta eraldi keskmises kausis munad ja vesi kõrgel temperatuuril, kuni see muutub heledaks ja õhuliseks. umbes viis minutit.
d) Sega munasegu õrnalt kuivainete hulka, kuni need segunevad. Ärge segage üle. Jagage tainas kahte eraldi kaussi. Värvige pool punaseks.
e) Valage üks taigen ettevalmistatud panni ühele küljele. Valage teine pool teisele küljele alla (nii et need oleksid kõrvuti). Küpseta 10–12 minutit või kuni valge pool on kuldpruun.
f) Koogi küpsemise ajal lao välja puhas köögirätik. Puista ühtlaselt ¼ tassi tuhksuhkruga, et kook ei jääks rätiku külge kinni.
g) Kui kook on küpsenud, keerake see kohe rätikule ja eemaldage õrnalt küpsetuspaber. Rulli kook rätiku sisse. Lase koogil üks kuni kaks tundi letil puhata ja jahtuda.
h) Täidise jaoks: Vahusta tuhksuhkur ja pehme või, kuni segu on kreemjas. Sega hulka piparmündiekstrakt. Kui kook on täielikult jahtunud, rulli lahti ja määri täidisega. Rulli kook uuesti üles (ilma rätikuta) nii tihedalt kui saad. Kata kook kilega ja aseta enne serveerimist vähemalt üheks tunniks külmkappi tahenema.
i) Katteks: Kui olete serveerimiseks valmis, keerake kook kilest lahti ja asetage serveerimisvaagnale või suurele taldrikule. Sega tuhksuhkur ja piim. Vala ühtlaselt koogile, seejärel raputa peale purustatud kommid.
j) Tükelda ja serveeri!

60.Piñata tassikoogid

KOOSTISOSAD:
KOKKUKOGID:
- 2 pulka võid (toatemperatuur)
- 1 tass Suhkur
- 2 tl vanilli
- 1 tass jahu
- ½ teelusikatäit soola
- 1 tl küpsetuspulbrit

JÄRASTUS:
- 1 sidrun
- 2 pulka Või
- 16 untsi tuhksuhkrut
- 2-3 supilusikatäit piima
- 4 spl Vaarikamoosi
- 2-4 tilka punast toiduvärvi
- 10 untsi Skittles America Mix kommid

JUHISED:
KOKKUKOGID:
a) Kuumuta ahi temperatuurini 350 °F. Vahusta või ja suhkur saumikseriga heledaks ja kohevaks vahuks.
b) Lisa ükshaaval vanill ja munad. Vahusta eraldi kausis jahu, sool ja küpsetuspulber.
c) Lisage aeglaselt võisegule kuivained, segades hästi, kuni need on täielikult segunenud.
d) Täida vooderdatud koogivormid ¾ ulatuses ja küpseta 18-22 minutit. Laske neil täielikult jahtuda.

JÄRASTUS:
e) Koori sidrun ja tõsta kõrvale. Sõelu tuhksuhkur segamisnõusse.
f) Vahusta saumikseriga koorvõi ühtlaseks. Lisage ½ tassi kaupa vähehaaval tuhksuhkrut, tagades enne iga lisamist põhjaliku segamise.
g) Lisage vaarikamoosi, sidrunikoort, piima ja toiduvärve.
h) Kokkupanemiseks lõigake iga koogikese keskelt välja 1-tolline tükk (jätke kaas alles). Täitke iga õõnsus ¼ tassi Skittlesi kommidega ja asetage kaas tagasi.
i) Külmutage koogikesi ja kaunistage need täiendavate keeglitega.
j) Need Piñata tassikoogid tõotavad rõõmupuhangut iga suutäiega, muutes need magusaks tunde igal pidustusel.

61. Maasika-šokolaadi koogid

KOOSTISOSAD:
- ¼ tassi suhkrut
- 1 spl maisitärklist
- Natuke soola
- 2 spl vett
- ½ tassi purustatud maasikaid
- 1 tilk punast toiduvärvi, valikuline
- 2 üksikut ümmargust rullbiskviidi
- ⅔ tassi viilutatud värskeid maasikaid
- ⅓ tassi vahustatud katet
- 1 spl šokolaadisiirupit, valikuline

JUHISED:
a) Sega väikeses kastrulis sool, maisitärklis ja suhkur. Sega hulka purustatud maasikad ja vesi.
b) Keeda; laske keeda ja segage minut, kuni see pakseneb. Soovi korral pane toiduvärvi.
c) Tõsta serveerimistaldrikule rullbiskviidid.
d) Pane peale šokolaadisiirup, vahustatud kate, viilutatud maasikad ja soovi korral maasikakaste.

62.Suhkruküpsise kruusikook

KOOSTISOSAD:
- 2 supilusikatäit munaasendajat
- 2 supilusikatäit võid, pehmendatud
- ⅓ tassi jahu
- 3 supilusikatäit suhkrut
- 1 tl vanilli
- 3 supilusikatäit rumtšat
- 2 supilusikatäit vikerkaarepuistad
- 1 tass tuhksuhkrut
- 2-3 tilka roosat või punast toiduvärvi

JUHISED:
a) Sega kausis kokku munaasendaja, või, jahu, suhkur, vanill, 2 supilusikatäit rumchatat ja 1 supilusikatäis vikerkaarepuista.
b) Asetage lisakruusi.
c) Küpsetage mikrolaineahju 60 sekundit, pühkige üle serva mullitatud taignad ja pange seejärel veel 30 sekundiks tagasi mikrolaineahju.
d) Eemaldage kook ja asetage see külmkappi.
e) Kui see jahtub, segage tuhksuhkur, 1 supilusikatäis rumchatat ja toiduvärv.
f) Nirista kergelt soojale koogile.

63.Vaarika roosi makaronid

KOOSTISOSAD:

MAKARONIKESTATE KOHTA:
- 250 grammi Aquafaba (vedelik konserveeritud kikerhernestest)
- ⅛ teelusikatäis hambakivi
- Näputäis soola
- 150 grammi jahvatatud mandleid
- 130 grammi puhast tuhksuhkrut
- 110 grammi ülipeent / tuhksuhkrut
- Tilk veganpunast toiduvärvi
- Paar tilka orgaanilist roosiekstrakti

VAARIKAROOSI VÕIKREEMI JUURDE:
- 125 grammi veganvõi asendajat
- 55 grammi tuhksuhkrut
- Paar tilka orgaanilist roosiekstrakti
- Mõned tilgad Vegan Red toiduvärvi
- 25 vaarikad

LISAD:
- Torustikkotid, millele on kinnitatud ümmargune otsik
- Silpat Mats ehk Silikoonist küpsetuspaber
- Küpsetusplaadid
- Veega täidetud pihustuspudel

JUHISED:

a) Makaronide valmistamisele eelneval õhtul valmistage Aquafaba. Hauta väikeses kastrulis 250 grammi Aquafabat, kuni see väheneb 110 grammini. Vala see kaussi jahtuma ja hoia üleöö külmkapis.

b) Makaronikoored: Töötle jahvatatud mandlid ja tuhksuhkur köögikombainis, seejärel sõelu kaussi, et eemaldada tükid. Kõrvale panema.

c) Vahusta puhaste visplitega segistis Aquafaba, viinakoor ja sool tugevalt, kuni see muutub vahuks ja meenutab vahustatud munavalget. Veenduge, et kausi põhja ei jääks vedelikku.

d) Mikseri sisselülitamise ajal lisa vähehaaval tuhksuhkur. Lisage veganpunane toiduvärv ja orgaaniline roosiekstrakt ning jätkake tugevalt vahustamist, kuni saate paksu ja läikiva besee.

e) Voldi pool mandli/tuhksuhkru segust õrnalt spaatliga besee hulka. Lisa teine pool ja jätka voltimist, kuni segu meenutab paksu laava. Vältige üle segamist.
f) Täitke ümmarguse otsikuga torukott macaroniseguga ja toruge 2-tollised ringid Silpati või silikoonküpsetuspaberiga kaetud matile. Võimalik, et vajate 3 või 4 alust, et kõik makaroni kestad torusse tõmmata.
g) Õhumullide eemaldamiseks lükake kandikud letti ja laske alustel 2–3 tundi jahedas seista, kuni kestad muutuvad matiks ega ole enam kleepuvad.
h) Kuumuta ahi 120 kraadini Celsiuse järgi. Küpseta igat makaroniplaati eraldi 28-30 minutit ilma ahju ust vahepeal avamata. Pärast küpsetamist jätke makaronid veel 15 minutiks ahju, seejärel jahutage enne Silpat/Silicone paberilt maha võtmist korralikult maha.
i) Vaarikaroosi võikreem: vahustage veganvõi koos tuhksuhkru, orgaanilise roosi ekstrakti ja vegan punase toiduvärviga püstmikseris kohevaks vahuks. Viige ümmarguse otsikuga torukotti.
j) Pese ja kuivata vaarikad ning tõsta kõrvale.

KOOSTAMINE:
k) Aseta makroonid ümara poolega köögilauale. Pihustage makaronide põhjad kergelt veega ja laske neil enne täitmist 5 minutit seista.
l) Tõsta makaroni põhja ümber rõngas võikreemi ja aseta keskele terve vaarikas. Võileib teise macaroni koorega ja korda, kuni kõik kestad on täidetud.
m) Asetage makroonid karpi ja hoidke üleöö külmkapis, ideaaljuhul 2 ööd, et need küpseksid ja saavutaksid õige tekstuuri.
n) Makaronid on kõige parem serveerida toatemperatuuril või 10 minutit külmkapist välja võttes, mitte otse külmkapist.

64.Punane samet Tassikoogid

KOOSTISOSAD:
- 2 munavalget
- 2 tassi punase sametise koogi segu
- 1 tass šokolaadikoogi segu
- ¼ tassi kanepiga infundeeritud tinktuuri
- 1 12-untsine kott šokolaaditükke
- 1 12-untsine sidruni-laimi soodapurk
- 1 12-untsi vann hapukoore glasuuriga

JUHISED:
a) Kuumuta ahi temperatuurini 350 ° F.
b) Vooderda muffinivorm paberist küpsetustopsidega.
c) suures segamiskausis munavalged, koogisegud , tinktuur , šokolaaditükid ja sooda.
d) Sega hästi, kuni moodustub ühtlane tainas.
e) Vala tainas küpsetusvormidesse.
f) Küpseta 20 minutit.
g) Laske koogikestel enne külmutamist jahtuda.

65.Punane samet jääkook

KOOSTISOSAD:
TOOGI JAOKS:
- 2 1/2 tassi universaalset jahu
- 1 1/2 tassi granuleeritud suhkrut
- 1 tl söögisoodat
- 1 tl soola
- 1 tl kakaopulbrit
- 1 1/2 tassi taimeõli
- 1 tass petipiima, toatemperatuur
- 2 suurt muna, toasoe
- 2 spl punast toiduvärvi
- 1 tl vaniljeekstrakti
- 1 tl valget äädikat

TOORJUUSTU KÜLMUTUSEKS:
- 16 untsi toorjuustu, pehmendatud
- 1/2 tassi soolamata võid, pehmendatud
- 4 tassi tuhksuhkrut
- 1 tl vaniljeekstrakti

JUHISED:

a) Kuumuta ahi temperatuurini 350 °F (175 °C). Määri ja jahu kaks 9-tollist ümmargust koogivormi.
b) Sõelu suures kausis kokku jahu, suhkur, sooda, sool ja kakaopulber.
c) Teises kausis segage taimeõli, petipiim, munad, punane toiduvärv, vaniljeekstrakt ja valge äädikas hästi segunemiseni.
d) Lisage märjad koostisosad järk-järgult kuivadele koostisosadele, segades ühtlaseks ja hästi segunevaks.
e) Jaga taigen ühtlaselt ettevalmistatud koogivormide vahel.
f) Küpseta eelkuumutatud ahjus 25-30 minutit või kuni kookide keskele torgatud hambaork tuleb puhtana välja.
g) Eemaldage koogid ahjust ja laske neil 10 minutit vormides jahtuda, enne kui asetate need restile täielikult jahtuma.
h) Kuni koogid jahtuvad, valmista toorjuustu glasuur. Vahusta suures kausis toorjuust ja või ühtlaseks ja kreemjaks. Lisa vähehaaval tuhksuhkur ja vaniljeekstrakt, vahustades ühtlaseks ja kohevaks.
i) Kui koogid on täielikult jahtunud, aseta üks koogikiht serveerimistaldrikule. Määri peale kiht toorjuustu glasuuriga.
j) Aseta peale teine koogikiht ning määri koogi pealt ja küljed ülejäänud toorjuustukreemiga.
k) Kaunista kook vastavalt soovile.
l) Jahutage kooki enne serveerimist vähemalt 30 minutit külmkapis, et pakas saaks taheneda.
m) Viiluta ja serveeri.

66. Maasikasuflee

KOOSTISOSAD:
- 18 untsi värskeid maasikaid, kooritud ja püreestatud
- ⅓ tassi toores mett
- 5 orgaanilist munavalget
- 4 tl roosat limonaadi

JUHISED:
a) Kuumuta oma ahi temperatuurini 350ºF.
b) Sega kausis maasikapüree, mesi, 2 munavalget ja roosa limonaad.
c) Pulseerige saumikseriga, kuni see on kohev ja kerge.
d) Vahusta teises kausis ülejäänud munavalged kohevaks vahuks.
e) Sega hulka ülejäänud mesi .
f) Sega munavalged õrnalt maasikasegule.
g) Tõsta segu ühtlaselt 6 ramekiini sisse ja ahjuplaadile.
h) Küpseta umbes 10-12 minutit.
i) Eemaldage ahjust ja serveerige kohe.

67.Punane samet kook

KOOSTISOSAD:
- 2½ tassi universaalset jahu
- 2 tl magustamata kakaopulbrit
- 1 tl koššersoola
- 1 tl söögisoodat
- 2 muna, toatemperatuuril
- 1½ tassi granuleeritud suhkrut
- 1½ tassi taimeõli
- 1 tass petipiima, toatemperatuuril
- 1½ tl vaniljeekstrakti
- 1 tl destilleeritud valget äädikat
- 1 unts punane toiduvärv

KÜRMUMISEKS:
- 16 untsi toorjuustu, pehmendatud
- 1 tass soolata võid, pehmendatud
- 8 tassi tuhksuhkrut
- 1 spl täispiima
- 2 tl vaniljeekstrakti

JUHISED:

a) Kuumuta ahi 325 kraadini F. Pihustage kaks 9-tollist koogivormi küpsetuspihustiga või määrige ja jahuga.
b) Sega suures segamiskausis jahu, kakaopulber, sool ja söögisooda ning sõelu või vispelda.
c) Ava keskmises kausis munad ja klopi need vispliga lahti. Vala kaussi suhkur, õli, pett ja vanill ning sega käsimikseri abil madalal kiirusel, kuni kõik on mõnus ja kreemjas.
d) Segage märjad koostisosad aeglaselt suures kausis kuivade koostisosadega.
e) Lisa äädikas ja punane toiduvärv. Voldi, kuni kogu koogitainas on punane ja triipe ei jää.
f) Vala igasse koogivormi võrdne kogus koogitainast. Raputage ja koputage panne, et õhumullid vabastaksid, seejärel laske 5 minutit seista. Küpseta kooke 25 kuni 30 minutit. Eemaldage koogid koogivormidest ja asetage need jahutusrestidele.
g) Kuni koogid jahtuvad, valmista glasuur. Sega suures kausis toorjuust ja või.
h) Vahusta kaks koostisainet käsimikseri abil kokku, seejärel lisa aeglaselt 1 tassi kaupa tuhksuhkrut.
i) Lisage piim ja vanill ning segage, kuni koor on ilus ja kreemjas. Kui koogid on täiesti jahtunud, külmutage need.

68.Punane samet šokolaadiküpsised

KOOSTISOSAD:
- 1½ tassi universaalset jahu
- ¼ tassi kakaopulbrit
- 1 tl söögisoodat
- ¼ teelusikatäit meresoola
- ½ tassi soolamata võid, toatemperatuur
- ½ tassi pruuni suhkrut
- ½ tassi
- 1 muna, toasoe
- 1 spl piima/petipiima/naturaalset jogurtit
- 2 tl vaniljeekstrakti
- ½ tl punast toiduvärvi geeli
- 1 tass valge või tumeda šokolaadi laastud

JUHISED:
a) Vahusta suures segamiskausis jahu, kakaopulber, sooda ja sool ning tõsta kõrvale.
b) Vahusta võid, fariinsuhkrut ja granuleeritud suhkrut käsi- või seismikseriga suurel kiirusel umbes 1–2 minuti jooksul kreemjaks.
c) Seejärel lisage muna, piim, vaniljeekstrakt ja toiduvärv, seejärel vahustage, kuni see on hästi segunenud, ja lülitage mikser välja.
d) Lisa märgadele koostisainetele kuivained.
e) Lülitage mikser madalale kiirusele ja vahustage aeglaselt, kuni moodustub väga pehme tainas.
f) Kui teil on vaja lisada rohkem toiduvärvi, tehke seda siinkohal.
g) Viimasena lisa šokolaaditükid ja klopi sisse.
h) Kata tainas kilega ja lase külmikus vähemalt 2 tundi või üleöö taheneda.
i) Pärast jahutamist laske tainal enne pallideks rullimist ja küpsetamist vähemalt 15 minutit toatemperatuuril seista, sest tainas on tahenenud.
j) Kuumuta oma ahi 180°C-ni.
k) Vooderda kaks suurt ahjuplaati küpsetuspaberi või silikoonist küpsetusmattidega. Kõrvale panema.
l) Tõsta supilusikaga küpsisetaignast kuhja ja rulli see palliks.
m) Laota need küpsetuspaberiga kaetud ahjuplaatidele ja küpseta 11-13 minutit.
n) Küpseta partiidena.
o) Lisa soojade küpsiste peale veel mõned šokolaaditükid.

69.Punane samet jäätise vahvel

KOOSTISOSAD:
- 1¾ tassi universaalset jahu
- ¼ tassi magustamata kakaod
- 1 tl söögisoodat
- 1 tl soola
- 1 tass rapsiõli
- 1 tass granuleeritud suhkrut
- 1 suur muna
- 3 spl punast toiduvärvi
- 1 tl puhast vaniljeekstrakti
- 1½ tl destilleeritud valget äädikat
- ½ tassi petipiima
- Mittenakkuv toiduvalmistamissprei
- 1½ liitrit vaniljejäätist
- 2 tassi poolmagusaid minišokolaaditükke

JUHISED:
a) Kuumuta vahvliraud keskmisele kuumusele.
b) Sega keskmise suurusega kausis jahu, kakao, söögisooda ja sool. Kõrvale panema.
c) Vahusta statiivimikseri kausis või suures kausis oleva elektrilise saumikseriga keskmisel kiirusel õli ja suhkur, kuni need on hästi segunenud. Klopi sisse muna. Lülitage mikser madalale ja lisage aeglaselt toiduvärv ja vanill.
d) Sega äädikas ja petipiim. Lisa pool sellest petipiimasegust suurde kaussi koos õli, suhkru ja munaga. Sega ühtlaseks ja seejärel lisa pool jahusegust.
e) Kraapige kauss maha ja segage ainult nii palju, et veenduda, et segamata jahu pole.
f) Lisa ülejäänud petipiimasegu, sega ühtlaseks ja seejärel lisa viimane jahusegu.
g) Sega uuesti, täpselt nii palju, et ei jääks segamata jahu.
h) Katke vahvliraudade võre mõlemad pooled mittenakkuva pihustiga. Valage vahvliraudale nii palju tainast, et see kataks resti, sulgege kaas ja küpseta, kuni vahvlid on vahvlirauast eemaldamiseks piisavalt tugevad, 4 minutit.
i) Lase vahvlitel restil veidi jahtuda. Kasutage vahvlite osadeks eraldamiseks köögikääre või teravat nuga.
j) Korrake, et teha kokku 16 osa.
k) Kuni vahvlilõigud jahtuvad, pane jäätis 10 minutiks letile pehmenema.
l) Pärast jäätise pehmenemist pange pooled vahvliosadest välja ja määrige spaatliga igaühele umbes 1 tolli paksune jäätis.
m) Tõsta peale ülejäänud osad, et saada 8 võileiba. Kraapige jäätise ülevool kummist spaatliga ära, et servad korrastada.
n) Seejärel pange jäätise servad kaussi või madalasse tassi, mis on täidetud minišokolaaditükkidega.
o) Mähi iga võileib tihedalt kilesse, aseta lukuga kotti ja aseta kott vähemalt 1 tunniks sügavkülma, et jäätis taheneks.
p) Eemaldage võileib mõni minut enne serveerimist, et see veidi pehmeneda.

70.Punane samet Mini juustukoogid

KOOSTISOSAD:
PUNANE SAMETNE KÜPSIKIHT
- 1 ja ½ tassi + 1 supilusikatäis universaalset jahu
- ¼ tassi magustamata kakaopulbrit
- 1 tl söögisoodat
- ¼ teelusikatäit soola
- ½ tassi toatemperatuurini pehmendatud soolata võid
- ¾ tassi pakitud heledat või tumepruuni suhkrut
- ¼ tassi granuleeritud suhkrut
- 1 muna, toatemperatuuril
- 1 supilusikatäis piima
- 2 tl puhast vaniljeekstrakti
- 1 supilusikatäis punast toiduvärvi

JUUSTUKOOGIKIHT
- 12 untsi toorjuustu, pehmendatud toatemperatuurini
- 2 supilusikatäit jogurtit
- ⅓ tassi granuleeritud suhkrut
- 1 suur muna, toatemperatuuril
- 1 tl puhast vaniljeekstrakti
- ½ tassi mini- või tavalisi poolmagusaid šokolaaditükke

JUHISED:
a) Kuumuta ahi temperatuurini 350 ° F.
b) Vooderda kaks 12-arvulist muffinipanni koogivooderdistega. Kõrvale panema.
c) Valmistage punane sametine küpsisekiht: segage jahu, kakaopulber, söögisooda ja sool suurde kaussi. Kõrvale panema.
d) Vahusta või suurel kiirusel, kasutades käsi- või labakinnitusega mikserit, kuni see muutub kreemjaks, umbes 1 minut.
e) Vajadusel kraapige kausi küljed ja põhi alla.
f) Lülitage mikser keskmisele kiirusele ja vahustage pruuni suhkrut ja granuleeritud suhkrut, kuni need on segunenud.
g) Klopi sisse muna, piim ja vaniljeekstrakt, kraapides vajadusel kausi külgi ja põhja alla.
h) Pärast segamist lisage toiduvärv ja vahustage kuni segunemiseni.

i) Lülitage mikser välja ja valage kuivained märgade koostisosade hulka. Lülitage mikser madalale ja vahustage aeglaselt, kuni moodustub väga pehme tainas.
j) Kui soovite, et tainas oleks punasem, lisage rohkem toiduvärvi. Tainas jääb kleepuv.
k) Suru iga koogivoodri põhja 1 supilusikatäis küpsisetainast. Ma ütlen "vähe", sest muidu ei jätku 22-24 minijuustukoogi valmistamiseks. Küpseta iga partii 8 minutit, et enne juustukoogi peale kihistamist koorik eelküpsetada.
l) Valmistage juustukoogi kiht: vahustage toorjuustu toorjuust keskmisel massil, kasutades labakinnitusega käsi- või seisumikserit, kuni see on täiesti ühtlane.
m) Lisa jogurt ja suhkur, vahustades tugevalt kuni segunemiseni.
n) Lisa muna ja vanill ning klopi keskmisel kuumusel ühtlaseks.
o) Sega õrnalt sisse šokolaaditükid. Tõsta eelküpsetatud küpsise peale 1 supilusikatäis juustukoogitainast, määrides seda nii, et see kataks küpsise täielikult.
p) Pange minijuustukoogid tagasi ahju ja jätkake küpsetamist veel umbes 20 minutit.
q) Katke tassid alumiiniumfooliumiga, kui pealsed muutuvad liiga vara pruuniks.
r) Lase 30 minutit letil jahtuda, seejärel veel 1,5 tundi külmkapis taheneda.
s) Küpsisetopsid püsivad toatemperatuuril värsked ja kaetult 12-24 tundi ning seejärel tuleb neid veel kuni 3 päeva külmkapis hoida.

71.Punane samet toorjuustu muffinid

KOOSTISOSAD:
PURU KATEND
- ½ tassi granuleeritud suhkrut
- ¼ tassi universaalset jahu
- 2 spl soolata võid

KOORJUUSTU SEGU
- 4 untsi pehmendatud toorjuustu
- ¼ tassi granuleeritud suhkrut
- ½ tl vaniljeekstrakti

MUFFINID
- 1 ¼ tassi universaalset jahu
- ½ tassi granuleeritud suhkrut
- 2 tl küpsetuspulbrit
- ½ teelusikatäit soola
- 1 suur muna
- ½ tassi taimeõli
- ⅓ tassi piima
- 2 spl magustamata kakaopulbrit
- 2 tl punast toiduvärvi

JUHISED:
a) Kuumuta ahi temperatuurini 375 ° F.
b) Valmistage muffinipann ette, vooderdage see vooderdistega või piserdage mittenakkuva küpsetusspreiga.

PURU KATEND
c) Keskmises kausis lisage jahu, suhkur ja või. Lõika kahvli abil või sisse, kuni saad jämedat puru.

KOORJUUSTU SEGU
d) Vahusta teises kausis toorjuust, suhkur ja vanill ühtlaseks massiks.

MUFFINID
e) Lisa mikseri kaussi jahu, küpsetuspulber ja sool ning vispelda ühtlaseks.
f) Lisa muna, õli, piim, kakaopulber ja punane toiduvärv ning sega, kuni see on lihtsalt segunenud.
g) Voldi toorjuustusegu muffinitaignasse, jälgi, et mitte üle segada.
h) Vala tainas ettevalmistatud muffinisse, täites iga umbes ⅔ täis.
i) Puista purukate ühtlaselt iga muffini peale.
j) Küpseta 375° F juures 17–19 minutit või kuni keskele torgatud hambaork tuleb puhtana välja.
k) Lase muffinitel umbes 10 minutit pannil jahtuda, seejärel tõsta need jahutusrestile täielikult jahtuma.

72.Punane samet Vaarika tort

KOOSTISOSAD:
- 1 leht jahutatud pirukataignast
- 1 suur munavalge, kergelt vahustatud
- ¼ tassi seemneteta vaarikamoosi
- ⅔ tassi võid pehmendatud
- ¾ tassi suhkrut
- 3 suurt muna
- 1 suur munakollane
- 1 spl küpsetuskakaod
- 2 tl punast pasta toiduvärvi
- 1 tass jahvatatud mandleid
- Jäätumine

JUHISED:
a) Kuumuta ahi 350°-ni. Rullige kondiitrileht lahti 9-tolliseks plaadiks. eemaldatava põhjaga kurruline hapupann; trimmi isegi veljega. Pane 10 minutiks sügavkülma.
b) Vooderda tainas kahekordse paksusega fooliumiga. Täida pirukaraskuste, kuivatatud ubade või kuumtöötlemata riisiga. Küpseta 12-15 minutit või kuni servad on kuldpruunid.
c) Eemaldage foolium ja raskused; pintselda koore põhi munavalgega. Küpseta 6-8 minutit kauem või kuni kuldpruunini. Jahuta restil.
d) Määri koorepõhjale moos. Vahusta kausis või ja suhkur heledaks ja kohevaks. Sega järk-järgult sisse munad, munakollane, kakao ja toiduvärv. Voldi sisse jahvatatud mandlid. Määri moosile.
e) Küpseta 30-35 minutit või kuni täidis on tahenenud. Jahuta restil täielikult maha.
f) Sega väikeses kausis kondiitrite suhkur ja vesi ning ekstraheeri ühtlaseks massiks; nirista või piipu tordile. Ülejäägid jahutada.

73.Punane samet Sufleed

KOOSTISOSAD:
- 1 spl võid
- 3 supilusikatäit granuleeritud suhkrut
- 4 untsi mõru šokolaadi küpsetusbatoon, tükeldatud
- 5 suurt muna, eraldatud
- ⅓ tassi granuleeritud suhkrut
- 3 spl piima
- 1 spl punast vedelat toiduvärvi
- 1 tl vaniljeekstrakti
- Näputäis soola
- 2 supilusikatäit granuleeritud suhkrut
- Tuhksuhkur
- Vahustatud hapukoor

JUHISED:
a) Kuumuta ahi 350°-ni.
b) Määri ramekiinide põhi ja küljed võiga.
c) Katke kergelt 3 spl suhkruga, raputage üleliigne välja. Aseta ahjuplaadile.
d) Küpsetage šokolaad mikrolaineahjus suures mikrolaineahjus kausis HIGH juures 1 minut kuni 1 minut ja 15 sekundit või kuni sulamiseni, segades 30-sekundiliste intervallidega.
e) Sega juurde 4 munakollast, ⅓ tassi suhkrut ja järgmised 3 koostisosa.
f) Vahusta 5 munavalget ja soola suurel kiirusel tugeva elektrilise mikseriga vahuks.
g) Lisa vähehaaval 2 spl suhkrut, vahustades kuni moodustuvad jäigad tipud.
h) Sega munavalgesegu kolmandiku kaupa šokolaadisegu hulka.
i) Tõsta lusikaga ettevalmistatud ramekiinidesse.
j) Liigutage pöidla otsaga ümber ramekiinide servad, pühkige puhtaks ja tehke segu servadele madal süvend.
k) Küpseta 350° juures 20–24 minutit või kuni sufleed kerkivad ja on hangunud.
l) Pista tuhksuhkruga; serveeri kohe koos vahukoorega.

74.Punase sametise pöidlajäljega küpsised, täidetud valge šokolaadiga

KOOSTISOSAD:
- 1 1/4 tassi universaalset jahu
- 1/4 tassi magustamata kakaopulbrit
- 1/2 tl küpsetuspulbrit
- 1/4 teelusikatäit soola
- 1/2 tassi soolamata võid, pehmendatud
- 2/3 tassi granuleeritud suhkrut
- 1 suur muna
- 1 spl piima
- 1 tl vaniljeekstrakti
- Punane toiduvärv
- Valge šokolaad, sulatatud (täidiseks)

JUHISED:
a) Kuumuta ahi temperatuurini 350 °F (175 °C). Vooderda ahjuplaat küpsetuspaberiga.
b) Sega keskmises kausis jahu, kakaopulber, küpsetuspulber ja sool. Kõrvale panema.
c) Vahusta eraldi suures kausis või ja suhkur heledaks ja kohevaks vahuks. Lisa muna, piim, vaniljeekstrakt ja punane toiduvärv. Segage, kuni see on hästi segunenud.
d) Lisa kuivained järk-järgult märgadele koostisosadele, sega kuni moodustub tainas.
e) Vormige tainast 1-tollised pallid ja asetage need ettevalmistatud küpsetusplaadile.
f) Tehke pöidla või teelusika tagaküljega iga küpsise keskele taane.
g) Küpseta 10-12 minutit või kuni taheneb. Võta ahjust välja ja lase paar minutit jahtuda.
h) Täida iga süvend sulatatud valge šokolaadiga.
i) Enne serveerimist lase küpsistel täielikult jahtuda.

75.Punane samet kohvikook

KOOSTISOSAD:
- 2 tassi universaalset jahu
- 1 tass granuleeritud suhkrut
- 1/2 tassi soolamata võid, pehmendatud
- 1/2 tassi hapukoort
- 2 muna
- 1/4 tassi kakaopulbrit
- 1 tl küpsetuspulbrit
- 1/2 tl söögisoodat
- 1/2 teelusikatäit soola
- 1/2 tassi piima (või piimavaba alternatiivi)
- 1 tl vaniljeekstrakti
- Punane toiduvärv (soovi järgi)
- 1/2 tassi šokolaaditükke (valikuline)

JUHISED:
a) Kuumuta ahi temperatuurini 350 °F (175 °C). Määri ahjuvorm rasvainega.
b) Vahusta suures segamiskausis pehme või ja granuleeritud suhkur heledaks ja kohevaks vahuks.
c) Lisa ükshaaval munad, pärast iga lisamist korralikult segades.
d) Segage hapukoor ja vaniljeekstrakt, kuni need on hästi segunenud.
e) Vahusta eraldi kausis jahu, kakaopulber, küpsetuspulber, sooda ja sool.
f) Lisa kuivained järk-järgult märgadele koostisainetele vaheldumisi piimaga ja sega, kuni need on lihtsalt segunenud.
g) Lisage punast toiduvärvi, kuni saavutate soovitud värvi, segades hästi.
h) Murra šokolaaditükid, kui kasutad.
i) Valage tainas ettevalmistatud ahjuvormi, ajage see ühtlaselt laiali.
j) Küpseta eelkuumutatud ahjus 35-40 minutit või kuni keskele torgatud hambaork tuleb puhtana välja.
k) Pärast küpsetamist eemaldage see ahjust ja laske enne serveerimist veidi jahtuda. Nautige oma Punane samet kohvikooki!

76.Punane samet Juustukook Mousse

KOOSTISOSAD:
- 6 untsi toorjuustu plokk-stiilis pehmendatud
- ½ tassi rasket koort
- 2 spl hapukoort täisrasvane
- ⅓ tassi madala süsivesikute sisaldusega pulbrilist magusainet
- 1 ½ tl vaniljeekstrakti
- 1 ½ tl kakaopulbrit
- 1 tl naturaalset punast toiduvärvi
- Vahukoor, magustatud stevia tilkadega
- Suhkruvabad šokolaaditahvlilaastud

JUHISED:
a) Lisage elektrilise saumikseriga või statsionaarse mikseriga suurde kaussi pehmendatud toorjuust, koor, hapukoor, magusainepulber ja vaniljeekstrakt.
b) Segage madalal kuumusel minut, seejärel keskmisel kuumusel mõni minut, kuni segu on paks, kreemjas ja põhjalikult segunenud.
c) Lisage kakaopulber ja segage kõrgel massil, kuni see seguneb, kraapides külge kummikaabitsaga, et segu põhjalikult seguneda.
d) Lisa punane toiduvärv ja sega, kuni see on segunenud või on pudingu konsistents.
e) Tõsta lusikaga või kondiitrikotti abil mousse väikesesse magustoiduklaasi või kaussi.
f) Kaunista tüki suhkruvaba vahukoore ja vähese soovi korral riivitud suhkruvaba šokolaadiga. Serveeri
g) Vahukoor, magustatud stevia tilkadega, suhkruvaba šokolaaditahvli laastud

77.Punane samet-Marja kingsepp

KOOSTISOSAD:
- 1 spl maisitärklist
- 1 ¼ tassi suhkrut, jagatud
- 6 tassi erinevaid värskeid marju
- ½ tassi võid pehmendatud
- 2 suurt muna
- 2 spl punast vedelat toiduvärvi
- 1 tl vaniljeekstrakti
- 1 ¼ tassi universaalset jahu
- 1 ½ supilusikatäit magustamata kakaod
- ¼ teelusikatäit soola
- ½ tassi petipiima
- 1 ½ tl valget äädikat
- ½ tl söögisoodat

JUHISED:
a) Kuumuta ahi 350°-ni. Sega omavahel maisitärklis ja ½ tassi suhkrut.
b) Viska marjad maisitärklise seguga ja lusikaga kergelt määritud 11-x7-tollisse ahjuvormi.
c) Vahusta või keskmisel kiirusel elektrimikseriga kohevaks; lisage hästi pekstes järk-järgult ülejäänud ¾ tassi suhkrut.
d) Lisage ükshaaval munad, vahustades pärast iga lisamist segamiseni.
e) Segage punast toiduvärvi ja vanilliini, kuni see on segunenud.
f) Sega jahu, kakao ja sool. Segage petipiim, äädikas ja söögisooda 2-tassi vedeliku mõõtetopsis.
g) Lisa jahusegu võisegule vaheldumisi petipiimaseguga, alustades ja lõpetades jahuseguga.
h) Vahusta madalal kiirusel, kuni segu on pärast iga lisamist segunenud.
i) Tõsta lusikaga taigen marjasegule.
j) Küpseta 350° juures 45–50 minutit või seni, kuni koogikatte keskele torgatud puuots tuleb puhtana välja. Jahuta restil 10 minutit.

78.Punane samet puuviljakook

KOOSTISOSAD:
- 200 grammi Maida
- 220 grammi tuhksuhkrut
- 1 spl kakaopulbrit
- 150 ml taimeõli
- 250 ml petipiima
- 1 tl küpsetuspulbrit
- ½ tl Söögisoodat
- ¼ teelusikatäit soola
- ½ teelusikatäit äädikat
- 1 spl vaniljeessentsi
- ½ tassi rasket koort

GARNISEERIMISEKS:
- Šokolaadikunst
- Kiivi ja viinamarjad
- Kallis
- Armsad kalliskivid

JUHISED:
a) Lisage kaussi kõik ülalnimetatud kuivained ja sõeluge need kokku, et vältida tükkide tekkimist.
b) Nüüd lisa pett, taimeõli, vaniljeessents ja peedipasta ning sega ühtlaseks taignaks korralikult läbi.
c) Viimasena lisa äädikas ja sega korralikult läbi.
d) Võtke 1 6-tolline koogivorm ja määrige muffinivorm õliga ja määrige Maida abil tolmu,
e) vala tainas nendesse võrdselt.
f) Kuumuta mikrolaineahi 10 minutiks 180°C-ni. Küpseta neid eelsoojendatud mikrolaineahjus 20-25 minutit või olenevalt mikrolaineahjust valmimiseni.
g) Vahusta koort 3-4 minutit ja lase külmuda.
h) Tükelda kiivi ja viinamarjad.
i) Pärast küpsetamist laske sellel jahtuda ja eemaldage see vormist.
j) Määri mõlemale koogile vahukoort ja kaunista kalliskivide, šokolaadi, hakitud puuviljade ja viimasena meega.

79.Punane sametine biskviit

KOOSTISOSAD:

- 2 tassi isekerkivat jahu
- ½ tl koort hambakivi
- ⅛ teelusikatäit soola
- 1 spl magustamata kakaopulbrit
- 2 supilusikatäit granuleeritud suhkrut
- ¾ tassi petipiima külma
- ½ tassi külma soolamata võid purustatud
- ¼ tassi võimaitselist juurviljadet
- 1 tl vaniljeekstrakti
- ½ untsi punast toiduvärvi

JUHISED:

a) Sega suures kausis isekerkiv jahu, sool, kakaopulber, suhkur ja tartarikoor.
b) Sõeluge või segage koostisained, kuni need on hästi segunenud.
c) Lisage kõik kuivad koostisosad seisva mikseri kaussi.
d) Lisage või, rasvainine, petipiim ja toiduvärv.
e) Lülitage mikser sisse ja laske koostisosadel keskmisel kiirusel seguneda, kuni see muutub punaseks tainaks.
f) Kui tainas on moodustunud, tasandage see kergelt jahuga ülepuistatud tasasel pinnal, kasutades taignarulli.
g) Lõika küpsised purgikaane, küpsise- või küpsiselõikuri abil välja.
h) Aseta küpsised ahjuvormi.
i) Küpseta küpsiseid 400 F juures 12–15 minutit.
j) Kui see on valmis, pintselda või hõõru küpsised võiga, kuni need on veel soojad.

80.Punased sametmakaronid

KOOSTISOSAD:
- ½ tassi + 2 supilusikatäit peent mandlijahu, blanšeeritud
- ½ tassi tuhksuhkrut
- 1 tl magustamata kakaopulbrit
- 2 suurt munavalget
- näputäis koort hambakivi
- ¼ tassi + 1 tl granuleeritud suhkrut
- punane geeljas toiduvärv
- Toorjuustu glasuur

JUHISED:

a) Sõelu mandlijahu, tuhksuhkur ja magustamata kakaopulber suurde kaussi ning tõsta kõrvale.
b) Lisa munavalged vispliga statiivimikseri kaussi ja sega keskmisel kiirusel, kuni munavalgete pind on kaetud väikeste mullidega.
c) Lisage näputäis hambakivi ja jätkake segamist, kuni saavutate pehme tipu.
d) Seejärel lisage järk-järgult granuleeritud suhkur ja segage keskmisel kiirusel 30 sekundit. Suurendage segamiskiirust keskmisele-kõrgele kiirusele. Jätkake segamist, kuni moodustuvad jäigad, läikivad tipud.
e) Lisage sellel hetkel punane geeljas toiduvärv. See segatakse järgmise etapi käigus.
f) Lisa besee sisse kuivained ja keera ringjate liigutustega kokku, kuni spaatlilt jookseb tõstmisel pideva joana paks taignariba.
g) Valage tainas suurde torukotti, mis on varustatud keskmise suurusega ümmarguse toruotsaga ja toru 1 ¼-tollise ringiga ettevalmistatud küpsetusplaatidele, asetades need üksteisest umbes 1 tolli kaugusele.
h) Koputage panne paar korda tugevalt vastu letti, et õhumullid vabastaksid, seejärel koputage pinnale tulevad allesjäänud õhumullid hambaorki või kirjutusmasinaga.
i) Laske makroonidel 30 minutit puhata või seni, kuni neil tekib nahk.
j) Kuni makroonid puhkavad, soojendage ahi temperatuurini 315 F / 157 C.
k) Küpseta üks plaat makarone ahju keskmisel siinil 15-18 minutit ja keera pann poole peal ringi.
l) Eemaldage ahjust ja laske makroonidel umbes 15 minutit pannil jahtuda, seejärel eemaldage need õrnalt silpat matilt.
m) Segage koored paariks ja seejärel valage toorjuustukoor, mis on kaetud ühe makaroni koorega. Vajutage õrnalt teist kesta glasuurile, et luua võileib.
n) Soovi korral nirista peale veidi valget šokolaadi ja purusta kaks makaronikarpi, mida kaunistuseks kasutada.
o) Aseta valmis makroonid õhukindlasse anumasse ja jahuta üleöö külmikus, seejärel lase neil toatemperatuurini soojeneda ja naudi!

81. Piparmündi Éclairs

KOOSTISOSAD:
PATEEDIKS:
- ½ tassi soolamata võid
- 1 tass vett
- ¼ teelusikatäit soola
- 1 tass universaalset jahu
- 4 suurt muna

PIPARMÜNTI TÄIDISEKS:
- ½ tassi soolamata võid, pehmendatud
- 4 untsi toorjuustu, pehmendatud
- ½ tassi magustatud kondenspiima
- 1 ½ tassi rasket koort, jahutatud
- 1 tass kondiitri suhkrut (valikuline)
- 1 tl vanilli
- ¼ tl piparmündiõli

GARNISEERIMISEKS:
- 1 ½ tassi valget šokolaadi sulab
- ½ tassi purustatud kommiroogasid
- Punane toiduvärv (valikuline)

JUHISED:
PATEEDIKS:
a) Kuumuta ahi temperatuurini 425F/218C ja vooderda küpsetusplaat küpsetuspaberiga.
b) Sulata potis või, lisa vesi ja sool ning lase keema tõusta.
c) Lisa jahu ja vahusta, kuni moodustub taignapall. Laske sellel 20 minutit jahtuda.
d) Lisa vähehaaval ükshaaval munad, pärast iga lisamist korralikult segades.
e) Tõsta tainas kondiitrikotti ja toru 4–6-tollised ekleerid küpsetusplaadile.
f) Küpseta 425F/218C juures 10 minutit, seejärel vähenda kuumust 375F/190C-ni ja küpseta 40–45 minutit, kuni see on kuldne. Ärge avage ahju ust.

TÄITMISEKS:
g) Vahusta pehme või ja toorjuust ühtlaseks vahuks.
h) Lisa magustatud kondenspiim ja sega kreemjaks.
i) Lisage jahutatud koor, vanill ja piparmündiõli. Sega kuni moodustuvad jäigad tipud.

ÉCLAIRSIDE KOOSTAMINE:
j) Jahuta ekleerid täielikult maha ja tekita täitmiseks augud.
k) Tõsta täidis täidiseotsaga kondiitrikotti ja täitke ekleerid, kuni kreem otstest välja tuleb.
l) Kaunistuseks kasta ekleerid sulatatud valgesse šokolaadi, seejärel puista peale purustatud kommiroogasid.
m) Soovi korral reserveerige 1 tass vahukoort, lisage punane toiduvärv ja piipuge tavaliste ekleeride peale. Kaunista purustatud kommiroogadega.
n) Hoida külmkapis, kui seda ei tarbita mõne tunni jooksul. Parim nautida 2-3 päeva jooksul.

82.Guajaav šifoonipirukas

KOOSTISOSAD:
HELVETE KOIGNAKEST:
- 1 tass jahu
- ¼ teelusikatäit soola
- ¼ tassi lühendamine
- ¼ tassi võid (külm)
- Külm vesi (vastavalt vajadusele)

TÄITMINE:
- 1 ümbrik maitsestamata želatiin
- 1 supilusikatäis sidrunimahla
- 4 muna; eraldatud
- 1 tass guajaavi mahla
- ¾ tassi suhkrut
- Paar tilka punast toiduvärvi
- ⅛ teelusikatäis hambakivikreemi

TOPPING:
- Magustatud vahukoor
- Guajaavi viilud

JUHISED:
HELVETE KOIGNAKEST:
a) Sega jahu ja sool. Lõika tükkideks ja võiga, kuni tükid on hernesuurused.
b) Lisa vesi ja sega, kuni segu on niisutatud. Suru palliks ja jahuta 45 minutit.
c) Rulli jahusel laual korralikult jahuse või parempidisega kaetud taignarulliga lahti. Tõsta tainas ettevaatlikult 9-tollisele pirukaplaadile. Juuresrce on kahvliga läbi.
d) Küpseta 400 ° F juures 15 minutit. Lahe.

TÄITMINE:
e) Pehmenda želatiin sidrunimahlas ja tõsta kõrvale.
f) Sega kastrulis munakollased, guajaavimahl ja ½ tassi suhkrut. Lisage paar tilka punast toiduvärvi.
g) Kuumuta ja sega keskmisel kuumusel, kuni segu pakseneb.
h) Lisa želatiinisegu ja sega kuni sulamiseni. Jahutage segu, kuni see saavutab vahustamata munavalge konsistentsi.
i) Vahusta munavalged ja tatarikoor, kuni moodustuvad pehmed tipud. Lisage järk-järgult ¼ tassi suhkrut ja vahustage, kuni moodustuvad tugevad tipud.
j) Voldi želatiinisegu sisse ja vala küpsetatud kondiitrikarpi. Jahutage.

TOPPING:
k) Pealt magustatud vahukoorega.
l) Kaunista guajaaviviiludega.
m) Nautige oma värskendavat guava šifoonipirukat!

83. Punane samet Bundt kook

KOOSTISOSAD:
- 1 ¼ tassi taimeõli
- 1 tass petipiima
- 2 muna
- 2 spl punast toiduvärvi
- 1 tl õunasiidri äädikat
- 1 tl vaniljeekstrakti
- 2 ½ tassi tavalist jahu
- 1 ¾ tassi riitsinusuhkrut
- 1 tl söögisoodat
- Näputäis soola
- 1 ½ supilusikatäit kakaopulbrit

KREEMJUUSTUGLASE:
- 225 g (8 untsi) toorjuustu, toatemperatuur
- 5 spl soolata võid
- 2 ½ tassi tuhksuhkrut
- 1 tl vaniljeekstrakti

JUHISED:
a) Kuumuta ahi 180 kraadini. Määri ja jahuga pann.
b) Sega segistis või elektrimikseris õli, petipiim, munad, toiduvärv, äädikas ja vanill. Sega hästi.
c) Eraldi kausis sõelu omavahel kuivained. Lisa vähehaaval märgadele koostisosadele, kloppides ühtlaseks.
d) Valage tainas ettevalmistatud pannile. Küpseta 50 minutit või kuni hambaork tuleb puhtana välja.
e) Eemaldage ahjust ja laske sellel 10 minutit seista. Lõdvendage aeglaselt küljed ja keerake restile, et see täielikult jahtuda.
f) Kui see on jahtunud, tõsta peale lusikaga toorjuustuglasuur.

TOORJUUSTUGLASUURI VALMISTAMISEKS:
g) Sega või ja toorjuust kastmikseris või elektrimikseris kokku.
h) Lisage järk-järgult madalal kiirusel suhkur ja vanill, seejärel vahustage suurel kiirusel kolm minutit.

84.Punane samet Jääkast Juures

KOOSTISOSAD:
- 2 tassi purustatud šokolaadi vahvliküpsiseid või šokolaadi-grahami kreekereid
- ½ tassi võid sulatatud
- ¼ tassi granuleeritud suhkrut
- 12,2 untsi pakk Punane samet Oreo küpsiseid
- 8 untsi toorjuustu, pehmendatud
- 3,4 untsi karp kiirjuustukoogi pudingi segu
- 2 tassi täispiima või pool ja pool
- 8 untsi külmutatud vahustatud katet

JUHISED:
a) Kuumuta ahi temperatuurini 375 ° F. Pritsige 9-tollisele sügavale plaadile kergelt küpsetuspihustiga.
b) Sega väikeses kausis küpsisepuru, või ja suhkur. Sega korralikult läbi, seejärel suru pirukaplaadi põhjale ja külgedele. Küpseta 15 minutit või kuni taheneb. Jahuta täielikult.
c) Reserveerige 5 tervet küpsist kaunistuseks ja asetage ülejäänud taassuletavasse kilekotti.
d) Purusta küpsised. Kõrvale panema.
e) Kasutage keskmise suurusega segamisnõus toorjuustu, pudingisegu ja piima segamiseks mikserit. Vahusta 2–3 minutit või kuni see on kreemjas, kohev ja sile.
f) Voldi vahustatud kate ja purustatud küpsised käsitsi täidisesse. Laota jahtunud koorikusse.
g) Kaunista pealt ülejäänud vahustatud katte ja tervete küpsistega vastavalt soovile.
h) Enne serveerimist jahuta vähemalt 4 tundi.

85. Kirsi-juustukook punase peegelglasuuriga

KOOSTISOSAD:

JUUSTUKOOGI JAOKS:
- 150 g kivideta kirsse, lisaks veel üks terve kirss kaunistuseks
- ½ sidruni mahl
- 150 g tuhksuhkrut
- 300g valget šokolaadi tükkideks purustatuna
- 600 g Philadelphia toorjuustu toatemperatuuril
- 300 ml koort, toatemperatuuril
- 1 tl vaniljeekstrakti

ALUSELE:
- 75g soolata võid, sulatatud, lisaks määrimiseks
- 175 g digestive küpsiseid

GLASUURI KOHTA:
- 4 lehte plaatina želatiini (Dr. Oetker)
- 225 g tuhksuhkrut
- 175 ml topeltkoort
- 100 g valget šokolaadi, peeneks hakitud
- 1 tl punast toiduvärvi geeli

JUHISED:

JUUSTUKOOGI VALMISTAMINE:
a) Määri 20 cm vedruga vormi põhi ja küljed kergelt õliga. Keera põhi lahti ja aseta sellele 30 cm laiune ring küpsetuspaberist.
b) Kinnitage vooderdatud põhi uuesti vormi, tagades, et liigne paber jääks selle alt üle, et serveerida oleks lihtne. Vooderda küljed küpsetuspaberi ribaga.
c) Sega köögikombainis kirsid, sidrunimahl ja 75 g tuhksuhkrut.
d) Blenderda üsna ühtlaseks. Tõsta segu keskmisesse kastrulisse, lase keema tõusta, seejärel alanda kuumust ja hauta 4–5 minutit, kuni see on paksenenud ja siirupine. Laske sellel täielikult jahtuda.

ALUSE LOOMINE:
e) Purusta digestive küpsised puhtas köögikombaini kausis kuni need meenutavad peent riivsaia. Tõsta segamisnõusse ja sega hulka sulatatud või.
f) Suru segu ettevalmistatud vormi, et tekiks kindel ühtlane põhi. Tõsta vähemalt 20 minutiks külmkappi.

JUUSTUSTOOGI TÄIDISE VALMISTAMINE:
g) Sulata valge šokolaad kuumakindlas kausis keeva vee kohal. Tõsta kõrvale jahtuma toatemperatuurini, kuni see on veel valatav.
h) Vahusta toorjuust suures segamiskausis ühtlaseks. Lisa koor, ülejäänud tuhksuhkur ja vaniljeekstrakt. Vahusta kuni veidi pakseneb. Voldi hulka jahtunud valge šokolaad.
i) Vala pool toorjuustusegust jahtunud põhjale. Tõsta lusikaga peale kirsimoos ja keeruta vardaga täidisesse. Vala järelejäänud toorjuustusegu moosile, tagades, et pealispind on ühtlane. Õhumullide eemaldamiseks koputage vormi ja jahutage vähemalt 4 tundi, kuni see on hangunud.

PEEGELGLAASI VALMISTAMINE:
j) Leota želatiinilehti mõni minut kausis külmas vees.
k) Sega kastrulis suhkur ja 120 ml värskelt keedetud vett. Kuumuta tasasel tulel segades, kuni suhkur lahustub. Kuumuta keemiseni ja keeda 2 minutit. Sega juurde koor ja hauta veel 2 minutit. Tõsta tulelt, pigista leotatud želatiinilehtedest välja liigne vesi ja lisa need kreemile, sega kuni lahustumiseni.
l) Lase kooresegul 4-5 minutit jahtuda. Sega hulka valge šokolaad. Lisage punane toiduvärvigeel ja segage, kuni see on hästi segunenud.
m) Kurna glasuur läbi sõela suurde kaussi. Laske sellel 15-20 minutit jahtuda, kuni see on toatemperatuuril, aeg-ajalt segades, et vältida naha moodustumist. Glasuur peaks olema topeltkreemi konsistentsiga.

JUUSTUKOOGI GLASSERIMINE:
n) Eemaldage juustukook ettevaatlikult vormist, eemaldage küpsetuspaber ja asetage see restile, mille all on plaat. Laske kuuma palettnoaga üle pinna tasandamiseks, seejärel valage sellele kaks kolmandikku jahtunud glasuurist, et see täielikult kataks. Tõsta 10 minutiks külmkappi tahenema.
o) Vajadusel soojendage järelejäänud glasuur ja sõeluge see uuesti enne juustukoogile teise kihi pealekandmist. Tõsta peale kirss ja pane 5-10 minutiks külmkappi tahenema. Serveeri otse restilt või tõsta taldrikule, kasutades palettnoa või torditõstjat. Nautige!

86. Punase sametise peedikook

KOOSTISOSAD:
- 1 tass Crisco õli
- ½ tassi võid, sulatatud
- 3 muna
- 2 tassi suhkrut
- 2½ tassi jahu
- 2 tl kaneeli
- 2 tl söögisoodat
- 1 tl soola
- 2 tl vanilli
- 1 tass Harvardi peet
- ½ tassi koorega kodujuustu
- 1 tass purustatud ananassi, nõrutatud
- 1 tass hakitud pähkleid
- ½ tassi kookospähklit

JUHISED:
a) Sega õli, või, munad ja suhkur.
b) Lisage jahu, kaneel, sooda ja sool.
c) Voldi sisse vanill, peet, kodujuust, ananass, pähklid ja kookospähkel.
d) Valage 9x13-tollisele pannile.
e) Küpseta 350 kraadi juures 40-45 minutit. Serveeri vahukoorega.

87. Peedi Gratin

KOOSTISOSAD:
- 4 tassi viilutatud peet (nii punane kui ka kollane), viilutatud ½ tolli paksuseks
- 1 tass õhukeseks viilutatud sibulat
- 2 tassi maitsestatud leivapuru
- 3 spl Võid
- Oliiviõli, niristamiseks
- Parmesani juust, puistamiseks
- Kreoolmaitseaine piserdamiseks
- Sool ja valge pipar

JUHISED:
a) Kuumuta ahi 375 kraadini F. Asetage võiga määritud gratiinile või paksule ahjuvormile peedid, sibulad ja pool riivsaiast, määrides igaüks võiga ja maitsestades iga kiht oliiviõli, parmesani, kreooli maitseaine ning soola ja pipraga. maitsta.
b) Lõpeta peale riivsaia kiht. Küpseta kaanega 45 minutit. Avage kaas ja jätkake küpsetamist veel 15 minutit või kuni pealmine osa on pruunistunud ja mullitav. Serveeri otse nõudelt.

88. Peediroheline suflee

KOOSTISOSAD:
- 3 supilusikatäit parmesani juustu; riivitud
- 2 keskmist peet; keedetud ja kooritud
- 2 spl Võid
- 2 spl Jahu
- ¾ tassi kana puljong; kuum
- 1 tass suhkrupeedi rohelisi; hautatud
- ½ tassi Cheddari juustu; riivitud
- 3 munakollast
- 4 munavalget

JUHISED:
a) Või a 1 qt. suflee roog; puista üle parmesani juustuga. Viiluta keedetud peet ja vooderda nendega sufleevormi põhi.
b) Sulata väikeses potis või, sega juurde jahu, lisa kuum puljong ja jätka keetmist, kuni see veidi pakseneb, seejärel tõsta suuremasse kaussi. Haki peediroheline jämedalt ja lisa koos Cheddari juustuga kastmele.
c) Eraldi kausis klopi lahti munakollased; blenderda need peedirohelise seguga. Vahusta munavalged, kuni moodustuvad piigid. Voldi kaussi koos teiste koostisosadega; sega hästi. Tõsta kõik võiga määritud sufleevormi. Puista peale parmesani juust.
d) Küpseta 350 F. juures 30 minutit või kuni suflee on paisunud ja kuldne.

89.Punane samet Beet Mousse

KOOSTISOSAD:
- 3 keskmist peet; Keedetud nende nahal
- 2½ tassi kanapuljongit
- 2 pakki maitsestamata želatiini
- 1 tass maitsestamata jogurtit
- 2 spl sidruni- või laimimahla
- 1 väike riivitud sibul
- 1 spl Suhkur
- 1 spl sinepit
- Sool ja pipar; maitsta

JUHISED:
a) Koori ja kuubikuteks keedetud peet.
b) Asetage želatiin kaussi 6 T veega ja segage. Lase 2 minutit seista ja vala segades kuuma kanapuljongiga.
c) Töötle kõik koostisosad peale želatiin kokku. Õige maitsestamine.
d) Lisa jahtunud želatiin ja töötle lihtsalt segunemiseks.
e) Valage õliga määritud vormi tahenema

90.Peedipähklileib

KOOSTISOSAD:
- ¾ tassi lühendamine
- 1 tass Suhkur
- 4 muna
- 2 tl vanilli
- 2 tassi hakitud peet
- 3 tassi Jahu
- 2 tl Küpsetuspulbrit
- 1 tl Söögisoodat
- ½ tl kaneeli
- ¼ teelusikatäit jahvatatud muskaatpähkel
- 1 tass hakitud pähkleid

JUHISED:
a) Vahusta koor ja suhkur heledaks ja kohevaks vahuks. Sega hulka munad ja vanill. Sega hulka peet.
b) Lisa kombineeritud kuivained; sega hästi. Sega juurde pähklid.
c) Vala võiga määritud ja jahuga ülepuistatud 9x5" leivavormi.
d) Küpseta 350'F juures. 60-70 minutit või kuni keskele torgatud puidust hambaork tuleb puhtana välja.
e) Jahuta 10 minutit; eemalda pannilt.

91.Punane samet Šokolaad Raspmarja Éclairs

KOOSTISOSAD:
CHOUX KÜPSETIS:
- 1 tass vett
- ½ tassi soolamata võid
- 1 tass universaalset jahu
- 1 spl kakaopulbrit
- ¼ teelusikatäit soola
- 4 suurt muna

PUNANE SAMETI ŠOKOLAADI KOndiitrikreem:
- 500 ml piima
- 120 g suhkrut
- 50 g tavalist jahu
- 60 g kakaopulbrit
- 120 g munakollast (umbes 6 muna)
- Punane toiduvärv

ŠOKOLAADI VAARIKAGANAŠE:
- 200 ml rasket koort
- 200 g tumedat šokolaadi
- Vaarika ekstrakt või püree

JUHISED:
CHOUX KÜPSETIS:
a) Kuumuta ahi 200°C (ventilaator 180°C) ja vooderda küpsetusplaat küpsetuspaberiga.
b) Sega kastrulis vesi, või, kakaopulber ja sool. Kuumuta keskmisel kuumusel keemiseni.
c) Lisa jahu korraga, intensiivselt segades, kuni moodustub ühtlane tainas. Jätkake küpsetamist segades veel 1-2 minutit.
d) Tõsta tainas segamisnõusse ja lase veidi jahtuda.
e) Lisa ükshaaval munad, pärast iga lisamist korralikult kloppides, kuni tainas on ühtlane ja läikiv.
f) Tõsta choux tainas torukotti ja vooli see ettevalmistatud alusele éclair-kujuliseks.
g) Küpseta kuldpruuniks ja paisunud. Lase jahtuda.

PUNANE SAMETI ŠOKOLAADI KOndiitrikreem:

h) Kuumuta piim kastrulis soojaks, kuid mitte keemiseni.
i) Vahusta kausis suhkur, jahu ja kakaopulber.
j) Lisage kuivained järk-järgult soojale piimale, pidevalt vahustades, et vältida tükkide tekkimist.
k) Klopi eraldi kausis lahti munakollased. Lisa pidevalt vahustades munakollastele vähehaaval kulbitäis kuuma piimasegu.
l) Vala munakollasesegu tagasi kastrulisse ja jätka küpsetamist, kuni kondiitrikreem pakseneb.
m) Tõsta tulelt, lisa punast toiduvärvi kuni soovitud värvi saavutamiseni ja lase jahtuda.

ŠOKOLAADI VAARIKAGANAŠE:

n) Kuumuta koort kastrulis, kuni see hakkab lihtsalt podisema.
o) Vala kuum koor tumedale šokolaadile. Laske seista minut, seejärel segage ühtlaseks massiks.
p) Lisa vaarikaekstrakt või püree šokolaadi ganache'ile, et vaarikamaitset tunda.

KOOSTAMINE:

q) Lõika jahtunud ekleerid horisontaalselt pooleks.
r) Täitke kott punase sametise šokolaadi kondiitrikreemiga ja kandke see iga eclaari alumisele poolele.
s) Kastke iga ékleeri ülaosa šokolaadi vaarikaganache'i, laske ülejäägil maha tilkuda.
t) Asetage šokolaadiga kastetud ekleerid restile, et ganache hanguks.
u) Soovi korral nirista peale täiendava dekadentsi saavutamiseks ganache'i.

92. Roosi litši vaarikamakaronid

KOOSTISOSAD:

MAKARONIKESTATE KOHTA:
- 1 toasoe munavalge (39-40g)
- 50 g tuhksuhkrut
- 30 g jahvatatud mandlit
- 30 g tuhksuhkrut
- ¼ tl roosat või punast toiduvärvi

ROOSLITŠI VAARIKATÄIDISEKS:
- 80 g valget šokolaadi
- 4 litši konservi
- ¼ teelusikatäit roosivett
- ½ tl litši siirupit purgist
- 6-8 külmutatud/värsket vaarikat (poolitatud)

JUHISED:

MAKARONIKESTATE KOHTA:
a) Pane jahvatatud mandlid, toiduvärv ja tuhksuhkur köögikombaini või väikesesse blenderisse. Sega need peeneks.
b) Sõeluge segatud segu ja asetage see kõrvale.
c) Vahusta munavalge elektrilise vispliga, alustades madalast kiirusest ja suurendades seda järk-järgult maksimaalse kiiruseni. Vahusta vahuks (näete palju peeneid mullikesi).
d) Nüüd on aeg lisada tuhksuhkur. Lisa pool suhkrust, jätka vahustamist maksimaalsel kiirusel umbes 2 minutit, seejärel lisa teine pool ja jätka, kuni saad väga jäigad tipud.
e) Sega kuivained munavalgete hulka. Seda protsessi nimetatakse makroonaažiks. Alustage kummist spaatliga voltimist. Jätkake segamist, kuni saate ühtlase laavavooluga taigna.
f) Kui saate ühtlase läikiva segu, lõpetage voltimine. Tõstke segu spaatliga ja kui segu kukub aeglaselt kaussi tagasi, tähendab see, et olete valmis. Samuti saate kontrollida, kas tõstetud segust tekkinud jooned kaovad aeglaselt 30 sekundi jooksul. Selles etapis olete valmis minema. Ärge voldige üle, kuna see muutub liiga vedelaks ja väga raskesti torutavaks.
g) Tõsta makaronid küpsetusplaadile küpsetusplaadile. Löö käega küpsetusplaadi põhja, et makaronid veidi lamedaks muutuksid.

h) Laske oma makroonidel umbes 30 minutit seista. See sõltub teie maja niiskusest ja päevast. Proovige makroonit pehmelt puudutada; 30 minuti pärast ei tohiks see teie käe külge kleepuda.
i) Kuumuta ahi 150 °C-ni, kuumutades ainult ülemist. Kui ahi on valmis, asetage oma makroonid kõige alumisele riiulile. Küpseta 12 minutit, kontrollides neid 6-minutilise märgi juures. Jalad peaksid juba moodustuma hakkama. Pöörake küpsetusplaati vastupidises suunas, et küpsetus oleks ühtlane. Kui 6 minutit on möödas, muutke oma ahju kütteseadet ainult alumiseks.
j) Küpseta veel 6 minutit. Kas makaron on küpsenud, saad katsetada koort pehmelt puudutades ja kui makaron jalgadel ei libise, on see küpsenud. Kui ei, lisage iga kord veel 1 minut ja kontrollige.
k) Lase makroonidel enne väljavõtmist jahtuda. Jahutusprotsessi kiirendamiseks võite oma tööala märjaks teha ja küpsetusplaadi sellele libistada, kuid ärge laske sellel liiga kaua seista, vastasel juhul muutuvad makroonid märjaks. Vastasel juhul võite need lasta toatemperatuuril jahtuda ja eemaldada.

ROOSLITŠI VAARIKATÄIDISEKS:

l) Haki 4 litšikonservi väikesteks tükkideks ja pressi läbi sõela maksimaalselt mahla välja. Kõrvale panema. (Liiga palju vedelikku annab tulemuseks vedela ganache'i, mis võib makaronikoori pehmendada ja märjaks teha).
m) Pane väikesesse keedupotti tasasel tulel tükeldatud litši ja küpseta 1-2 minutit.
n) Lisa roosivesi ja litši siirup. Laske kergelt soojeneda.
o) Eemaldage kuumusest. Lõpuks lisa valge šokolaad ja sega, kuni kogu šokolaad on sulanud ja hästi segunenud.
p) Täitke makroonikoored ganache'iga, pange peale pool vaarikast, seejärel sulgege teise makroonikoorega.
q) Pärast kõigi makaronide torude ühendamist asetage need õhukindlasse anumasse. Jäta need ööseks külmkappi seisma. Makarone võid hoida külmkapis kuni 48 tundi. Kui neid ei tarbita, külmutage. 48 tunni pärast võivad nad oma tekstuuri kaotada.
r) Võtke need 20 minutit enne söömist külmkapist välja. Nautige!

93. Rabarberi lindiga brunch kook

KOOSTISOSAD:
- ¾ tassi suhkrut
- 3 supilusikatäit maisitärklist
- ¼ tl jahvatatud kaneeli
- ⅛ tl jahvatatud muskaatpähklit
- ⅓ tassi külma vett
- 2½ tassi viilutatud värsket või külmutatud rabarberit
- 3 kuni 4 tilka punast toiduvärvi, valikuline

Tainas:
- 2¼ tassi universaalset jahu
- ¾ tassi suhkrut
- ¾ tassi külma võid, kuubikuteks
- ½ tl küpsetuspulbrit
- ½ tl söögisoodat
- ½ tl soola
- 1 suur muna, kergelt lahti klopitud
- ¾ tassi (6 untsi) vaniljejogurtit
- 1 tl vaniljeekstrakti

TOPPING:
- 1 suur muna, kergelt lahti klopitud
- 8 untsi Mascarpone juustu
- ¼ tassi suhkrut
- ½ tassi hakitud pekanipähklit
- ¼ tassi magustatud hakitud kookospähklit

JUHISED:

a) Segage vesi, maisitärklis, kaneel, muskaatpähkel ja suhkur suures kastrulis ühtlaseks massiks. Lisa segusse rabarber. Kuumuta keemiseni; küpseta ja sega kuni paksenemiseni, umbes 2 minutit. Soovi korral lisage toiduvärvi. Kõrvale panema.

b) Sega jahu ja suhkur suures kausis; tükelda võid segusse, kuni see on jämeda puru tekstuuriga. Säästa 1 tass katte valmistamiseks. Lisa ülejäänud purusegule sool, sooda ja küpsetuspulber. Sega väikeses kausis muna, jogurt ja vanill; sega need taignasse ühtlaseks. Levitage 9-tolliseks. vedruvorm, mis on määritud.

c) Sega suhkur, Mascarpone juust ja muna; lusikaga segu taigna peale. Lisa peale rabarberisegu. Lisa pekanipähklid ja kookospähkel salvestatud purusegusse; puista peale.

d) Küpseta hambatikuga 350 ° juures umbes 60–65 minutit, kuni see on testitud. Lase restil 20 minutit jahtuda; võta panni küljed välja. Lase korralikult maha jahtuda.

94. Vaarika juustukoogi trühvlid

KOOSTISOSAD:
- 2 supilusikatäit rasket koort
- 8 untsi toorjuustu, pehmendatud
- ½ tassi pulbristatud vorsti
- Näputäis meresoola
- 1 tl vanilje steviat
- 1 ½ teelusikatäit vaarikaekstrakti
- 2-3 tilka naturaalset punast toiduvärvi
- ¼ tassi kookosõli, sulatatud
- 1 ½ tassi suhkruvaba šokolaaditükke

JUHISED:
a) Alustuseks kasutage mikserit, et segada koor ja toorjuust põhjalikult kuni kreemjaks.
b) Sega suures segamisnõus koor, vaarikaekstrakt, stevia, sool ja toiduvärv.
c) Veenduge, et kõik on hästi ühendatud.
d) Lisage kookosõli ja segage tugevalt, kuni kõik on põhjalikult segunenud.
e) Ärge unustage kausi külgi maha kraapida nii sageli kui vaja, et lõpetada. Laske sellel tund aega külmikus seista. Valage tainas umbes ¼-tollise läbimõõduga küpsiselussi ja seejärel küpsetuspaberiga kaetud ahjuplaadile.
f) Pange see segu tund aega sügavkülma ja seejärel katke see oma sulatatud šokolaadiga. Enne serveerimist tuleks see panna veel tunniks külmkappi tahenema.

95. Kõrvits Patch juustukook

KOOSTISOSAD:
- 16 untsi apelsinikreemiga täidetud võileivaküpsiseid
- 4 spl võid, sulatatud
- Kolm 8 untsi pakki toorjuustu pehmendatud
- 1¼ tassi suhkrut, jagatud
- 4 muna
- 2 tl vaniljeekstrakti, jagatud
- 16 untsi konteiner hapukoort
- 5 tilka punast toiduvärvi
- 10 tilka kollast toiduvärvi

JUHISED:
a) Kuumuta ahi 350 kraadini F. Asetage 23 küpsist taassuletavasse kilekotti. Purusta küpsised taignarulli abil ja aseta seejärel puru koos võiga keskmisesse kaussi; sega korralikult läbi, seejärel määri segu 10-tollise vedruvormi põhja. Jahutage, kuni olete valmis täitma.

b) Vahusta suures kausis keskmisel kiirusel elektrilise vispliga toorjuust ja 1 tass suhkrut kreemjaks. Lisa ükshaaval munad, pärast iga lisamist korralikult kloppides, seejärel lisa 1 tl vanilli ja sega korralikult läbi.

c) Kõrvale 2 küpsist kaunistamiseks ja seejärel purusta ülejäänud 8 küpsist. Sega küpsisetükid toorjuustusegusse ja vala seejärel koorikusse.

d) Küpseta 55 kuni 60 minutit või kuni see on kindel. Eemaldage ahjust ja laske 5 minutit jahtuda.

e) Vahepeal segage keskmises kausis lusikaga hapukoor, ülejäänud suhkur ja vanill ning toiduvärv, kuni see on hästi segunenud. Määri hapukooresegu ettevaatlikult juustukoogi peale ja küpseta veel 5 minutit.

f) Laske jahtuda, seejärel jahutage üleöö või vähemalt 8 tundi. Kaunista kõrvitsa nägu reserveeritud 2 küpsisega.

g) Serveeri kohe või kata kuni serveerimiseks valmis.

96.Punane peegelGlasuuritud kommkoogid

KOOSTISOSAD:
KOKKUKOGID:
- 1 ¼ tassi universaalset jahu
- ¾ tassi ülipeent tuhksuhkrut
- 1 ½ tl küpsetuspulbrit
- ½ tl peent soola
- ¼ tassi soolamata võid, pehmendatud
- 1 suur muna
- ¾ tassi täispiima
- ¼ tassi taimeõli
- 1 spl kreeka jogurtit või hapukoort
- ½ tl vaniljeekstrakti või vaniljekauna pasta
- 1 tl kaneeli
- Niristamiseks soolakaramellkaste
- Mündilehed kaunistamiseks

HAUTATUD ÕUNAD:
- 5 rohelist õuna, kooritud ja kuubikuteks lõigatud
- 2 spl pruuni suhkrut
- 1 tl sidrunimahla

KARAMELLVAHT:
- 250 g valget šokolaadi peeneks hakituna
- ⅓ tassi koort
- Näputäis soola
- 3 tl maitsestamata pulbristatud želatiini
- 2 spl vett
- 2 tl vaniljeekstrakti
- 3 supilusikatäit dulce de leche

PUNANE PEEGELLAAS:
- 200 grammi magustatud kondenspiima
- 300 grammi granuleeritud suhkrut
- 150 grammi vett
- 350 grammi valge šokolaadi laaste
- 19 grammi želatiini + ½ tassi vett õitsemiseks
- 4-6 tilka punast toidugeeli

JUHISED:
KARAMELLVAHT:
a) Sega mikrolaineahjus kasutatavas kausis valge šokolaad, ⅓ tassi koort ja sool. Küpseta mikrolaineahjus 30-sekundiliste sammudega, segades iga 30 sekundi järel, kuni šokolaad on sulanud ja segu ühtlane.
b) Vala segu suurde kaussi ja lase aeg-ajalt segades toatemperatuurini jahtuda.
c) Vahepeal valmista želatiin, vahustades väikeses kausis želatiin ja külm vesi. Laske sellel vett imada ja seejärel kuumutage mikrolaineahjus 15 sekundit, et see sulaks. Klopi sulatatud želatiin šokolaadisegu hulka.
d) Vahusta ülejäänud 1 tass koort pehmeks vahuks. Lisa dulce de leche (või soolakaramellkaste) ja vahusta kuni moodustuvad jäigad tipud. Sega pool vahukoorest õrnalt šokolaadisegu hulka ning seejärel sega hulka ülejäänud vahukoor.
e) Vala mousse silikoonvormidesse ja lase neil üleöö külmkapis taheneda. Kui need on hangunud, eemaldage need õrnalt vormidest.

PUNANE PEEGELLAAS:
f) Sega želatiin ½ tassi veega ja jäta 5 minutiks kõrvale.
g) Kuumuta piim, suhkur ja vesi kastrulis keskmisel kuumusel ning lase keema tõusta.
h) Lisa õitsenud želatiin ja sega kuni lahustumiseni.
i) Asetage valge šokolaadi laastud suurde kuumakindlasse kaussi. Vala kuum segu šokolaadile ja lase 5 minutit seista. Kui šokolaad on pehmenenud, lisa punane toidugeel ja kasuta mikseri või saumikseriga segu tasandamiseks. Valage segu läbi sõela, et eemaldada kõik tükid.
j) Lase glasuuril jahtuda 33°C-ni, enne kui kallad selle tardunud vahule. Kui see on valamisel liiga õhuke, laske sellel 20 minutit tarduda ja seejärel valage teine kiht. Kui kogu mousse on kaetud, jahuta koogikesed koos peegelglasuuriga.

KOKKUKOGID:
k) Kuumuta ahi 160°C (320°F) või 180°C (356°F) tavalise ahju puhul. Vooderda koogivorm koogivooderdistega.

l) Segage labajahutusega mikseri kausis jahu, küpsetuspulber, tuhksuhkur ja sool. Sega madalal kuumusel paar minutit. Lisa pehme või ja sega, kuni see sarnaneb peene liivataolise tekstuuriga.
m) Vahusta suures kannus piim, muna, jogurt (või hapukoor), õli ja vaniljeekstrakt.
n) Lisage märjad koostisosad kuivadele koostisosadele aeglase ja ühtlase joana, kuni kuivaine pole näha. Kraapige kauss maha, lisage hautatud õunad ja segage veel 20 sekundit.
o) Täida iga koogivooder ¾ ulatuses ja nirista peale soolakaramellkastet.
p) Küpseta 30-35 minutit või kuni torgatud hambaork tuleb puhtana välja. Lase koogikestel traatjahutusrestil täielikult jahtuda.

KORVIKOOKIDE VIIMISTLEMINE:
q) Asetage valmistatud mousse ettevaatlikult iga koogi peale.
r) Vahetult enne serveerimist kaunista iga koogike paberkõrre ja piparmündilehega.

97.Punane samet Whoojuures pirukad

KOOSTISOSAD:
- 2 tassi universaalset jahu
- 2 spl magustamata kakaopulbrit
- 1 tl küpsetuspulbrit
- 1/2 tl söögisoodat
- 1/2 teelusikatäit soola
- 1/2 tassi soolamata võid, pehmendatud
- 1 tass granuleeritud suhkrut
- 2 suurt muna
- 1 tl vaniljeekstrakti
- 1/2 tassi petipiima
- 1 spl punast toiduvärvi
- Toorjuustu glasuur (poest ostetud või omatehtud)

JUHISED:
a) Kuumuta ahi temperatuurini 350 °F (175 °C). Vooderda ahjuplaadid küpsetuspaberiga.
b) Sega keskmises kausis omavahel jahu, kakaopulber, küpsetuspulber, sooda ja sool. Kõrvale panema.
c) Vahusta suures kausis või ja suhkur heledaks ja kohevaks vahuks. Lisa ükshaaval munad, pärast iga lisamist korralikult vahustades. Sega juurde vanilliekstrakt.
d) Lisa kuivained järk-järgult märgadele koostisainetele vaheldumisi petipiimaga, sega ühtlaseks. Sega juurde punane toiduvärv.
e) Tõsta supilusikatäied tainast ettevalmistatud küpsetusplaatidele, asetades need üksteisest umbes 2 tolli kaugusele.
f) Küpseta 10-12 minutit või kuni küpsised on tahenenud. Eemaldage ahjust ja laske täielikult jahtuda.
g) Kui see on jahtunud, määri ühe küpsise lamedale küljele toorjuustukreemi ja võileib teise küpsisega. Korrake ülejäänud küpsiste ja glasuuriga.
h) Serveeri ja naudi!

98. Punane samet leivapuding Bourbon-kastmega

KOOSTISOSAD:
- 6 tassi kuubikuteks lõigatud ühepäevast leiba (prantsuse leib sobib hästi)
- 2 tassi piima
- 4 suurt muna
- 1 tass granuleeritud suhkrut
- 1/4 tassi magustamata kakaopulbrit
- 1 tl vaniljeekstrakti
- 1 spl punast toiduvärvi
- 1/2 tassi šokolaaditükke
- Bourbon kaste:
- 1/2 tassi soolamata võid
- 1 tass granuleeritud suhkrut
- 1/4 tassi burbooni
- 1/4 tassi rasket koort

JUHISED:
a) Kuumuta ahi temperatuurini 350 °F (175 °C). Määri 9x13-tolline ahjuvorm rasvaga.
b) Asetage kuubikuteks lõigatud leib ettevalmistatud ahjuvormi.
c) Vahusta segamisnõus piim, munad, suhkur, kakaopulber, vaniljeekstrakt ja punane toiduvärv, kuni see on hästi segunenud.
d) Valage segu leivakuubikutele, surudes õrnalt alla, et kogu leib oleks läbi imbunud. Puista peale šokolaaditükid.
e) Küpseta 35–40 minutit või kuni puding on tahenenud ja pealt kuldpruun.
f) Pudingi küpsemise ajal valmista burboonikaste: sulata potis või keskmisel kuumusel. Sega juurde suhkur, bourbon ja raske koor. Kuumuta keemiseni, seejärel alanda kuumust ja keeda pidevalt segades 5 minutit. Eemaldage kuumusest ja laske veidi jahtuda.
g) Serveeri leivapuding soojalt, burboonikastmega üle niristatud.

99.Vaarika Lamingtonid

KOOSTISOSAD:
KUUMA PIIMA KÄSVIDSKOOGIL:
- 5 muna
- 1 tass täispiima
- 6 supilusikatäit võid
- 2 tassi suhkrut (400 grammi)
- 2 tassi koogijahu (220 grammi)
- 2 tl küpsetuspulbrit
- ½ tl soola
- 1 spl vaniljeekstrakti

VAARIKAGLAASI JUURDE:
- 2 tl želatiinipulbrit
- 1 tass (200 g) suhkrut
- 1 tass vett
- 10 untsi külmutatud vaarikaid, sulatatud
- 2 tassi (250 g) kondiitri suhkrut
- ¼ tl punast toiduvärvi (valikuline)
- 2 tassi kuivatatud kookospähklit

JUHISED:
KUUMA PIIMA KÄSVIDSKOOGIL:
a) Asetage munad sooja veega kaussi, et need soojeneda. Kuumuta ahi temperatuurini 350 °F.
b) Määri ja jahuga kaks 8-tollist ruudukujulist koogivormi ning vooderda põhi küpsetuspaberiga.
c) Soojenda kastrulis madalal kuumusel piim ja või, kuni või sulab.
d) Vahusta suures segamiskausis suurel kiirusel 8–15 minutit mune ja suhkrut, kuni nende maht on kolmekordistunud ja kahvatukollane.
e) Sõelu munasegule jahu, küpsetuspulber ja sool ning sega ühtlaseks massiks.
f) Lisage soojale piimasegule vanill, valage seejärel taignasse ja segage, kuni see on segunenud.
g) Jaga taigen koogivormidesse ja küpseta 30-34 minutit, kuni hambaork tuleb puhtana välja. Lase pannidel restil jahtuda.

VAARIKAGLASUURI JA KOOKOSKATTE PUHUL:
h) Piserdage želatiini ¼ tassi veega ja laske 5 minutit pehmeneda.
i) Kuumuta potis vesi ja suhkur lahustumiseni, seejärel lisa vaarikad ja keeda 5-8 minutit. Kurna segu, surudes vedeliku eemaldamiseks alla.
j) Mikrolaineahjus pehmendatud želatiin siirupiseks, seejärel vispelda vaarikasegu hulka. Sõelu kondiitri suhkur kaussi, vala peale vaarikasiirup ja vahusta ühtlaseks. Soovi korral lisage toiduvärvi, seejärel jahutage 15-20 minutit, kuni see on veidi paksenenud.

KOOSTAMA:
k) Asetage traadist jahutusrest pärgamendiga kaetud küpsetusplaadile. Kärbi rullbiskviidi servad ära ja lõika see 2-tollisteks ruutudeks. Külmutage lõigatud ruudud 30 minutiks.
l) Seadke 2-kausiline süvendussüsteem, kus ühes kausis on vaarikasegu ja teises kookospähkel.
m) Tõsta koogiruudud sügavkülmast välja, tõsta igale ruudule lusikaga vaarikaglasuur ja määri seejärel kookospähkliga. Asetage restile.
n) Kui kõik ruudud on kaetud, pane 20-30 minutiks külmkappi tahenema.

100. Piparmündikoore espressomakaronid

KOOSTISOSAD:
KESTADE KOHTA:
- 112 g mandlijahu (umbes 1 tass)
- 230 g kondiitri suhkrut (umbes 2 tassi)
- 105 g munavalget (umbes 3 suurt muna)
- Näputäis soola
- 1/4 tl koort hambakivi
- 50 g granuleeritud suhkrut (umbes 1/4 tassi)
- 1/8 tl vaniljeekstrakti
- 1/8 tl piparmündi ekstrakti
- Punane toidugeel

KOndiitrikreemi jaoks:
- 1 tass rasket koort
- 3 spl kakaopulbrit
- 1 tl espressopulbrit
- 2 spl jahu
- 1/2 tl maisitärklist
- 1/8 tl soola
- 1/4 tassi suhkrut
- 1/2 tl vaniljeekstrakti
- 1/8 tl piparmündi ekstrakti
- 2 munakollast

JUHISED:
KESTADE KOHTA:
a) Sega köögikombainis mandlijahu ja kondiitri suhkur. Pulse, kuni see on täielikult segunenud ja tükke ei jää. Kõrvale panema.
b) Vahusta munavalged suures kausis suurel kiirusel soola ja tartarikoorega vahuks.
c) Lisa järk-järgult suurel kiirusel vahustamist jätkates granuleeritud suhkur, kuni munavalgetest moodustuvad pehmed tipud (vahustajaid tõstes lähevad munavalgeotsad enda peale).
d) Lisa vanilje- ja piparmündiekstrakt ning klopi kuni moodustuvad tugevad tipud (munavalgeotsad ei lähe kokku).
e) Sõelu mandlijahu ja kondiitrite suhkrusegu besee peale. Visake ära kõik tükid, mis ei sõelu korralikult.
f) Voldi jahusegu spaatli abil õrnalt besee hulka. Suruge voltides osa õhku välja. Jätkake, kuni segu on täielikult segunenud ja segu meenutab laavat, voolates aeglaselt ühtlase joana.
g) Valmistage ette torukott, millel on 1a ümar toruots. Tilgutage punast toiduvärvi torukoti neljale küljele alla, et saada keerlev välimus. Viige tainas torukotti.
h) Toruge 1-tollised ümmargused kettad silikoonist küpsetusplaadile või küpsetuspaberiga kaetud ahjuplaadile. Õhumullide eemaldamiseks lükake salv paar korda vastu leti. Suuremate õhumullide eemaldamiseks kasutage hambaorki.
i) Laske kestadel 45 minutit kuni 1 tund kuivada, kuni need ei ole enam puudutamisel kleepuvad. Need peaksid moodustama kena naha ja enne küpsetamist täielikult kuivama.
j) Kuumuta ahi temperatuurini 300 °F (150 °C).
k) Küpseta üks plaat korraga 150 °C (300 °F) juures 15–17 minutit. Laske neil enne küpsetusmatilt või küpsetuspaberilt eemaldamist täielikult jahtuda.

KOndiitrikreemi jaoks:
l) Kuumuta koor keskmisel-madalal kuumusel potis parajalt soojaks.
m) Sega eraldi kausis kakaopulber, espressopulber, jahu, maisitärklis, sool ja suhkur.
n) Lisa kuivale segule munakollased ja sega ühtlaseks.
o) Lisa soe koor aeglaselt kuivainetele ja sega ühtlaseks massiks.

p) Tõsta segu keskmisel kuumusel tagasi kastrulisse ja vispelda pidevalt, kuni see pakseneb pudingitaoliseks konsistentsiks. Eemaldage kuumusest.
q) Sega juurde vanilli- ja piparmündiekstrakt, seejärel vala segu läbi peene sõela kaussi.
r) Kata kondiitrikreem kilega, tagades, et kile puudutaks koore ülaosa, et vältida naha moodustumist. Enne kasutamist pane vähemalt 2 tunniks külmkappi.
s) KOOSTAMINE:
t) Kui makaronikoored ja kondiitrikreem on valmis, siis lusikaga või toruga taignakreem poolte kestade põhjale.
u) Makaronivõileibade valmistamiseks segage täidetud kestad ülejäänud kestadega.
v) Hoia makroone enne söömist vähemalt 24 tundi külmkapis, et maitsed täielikult areneksid.

KOKKUVÕTE

Kui jõuame filmi " Ülimaalne Punane Samet Küpsetus -" lõppu, loodame, et olete saanud inspiratsiooni nautima punase sameti luksuslikku maailma ja avastama selle pakutavaid lõputuid võimalusi. Punane samet on midagi enamat kui lihtsalt maitse; see on dekadentsi, elegantsi ja pidustuse sümbol. Küpsetuseseiklusi jätkates toogu iga küpsetatud punase sametist valmistatud looming teie kööki rõõmu ja rõõmustage teie maitsemeeli.

Kui teie uusima punase sametiloomingu viimased killud on maitstud ja värskelt küpsetatud maiuste aroom hääbub, teadke, et punase sameti võlu jääb alatiseks püsima. Jagage oma armastust punase sameti vastu sõprade ja perega, katsetage uute maitsekombinatsioonidega ja laske oma loovusel särada, kui loote oma punase sameti meistriteoseid.

Täname, et liitusite meiega sellel meeldival teekonnal läbi punase sametimaailma. Olgu teie köök täidetud rikkaliku kakao aroomiga, teie laud punase sametise hõrgutise võluga ja teie süda küpsetamisrõõmuga. Kohtumiseni, head küpsetamist ja head isu!

www.ingramcontent.com/pod-product-compliance
Lightning Source LLC
Chambersburg PA
CBHW070700120526
44590CB00013BA/1038